一本书读懂
电动汽车

 杨宽　编著

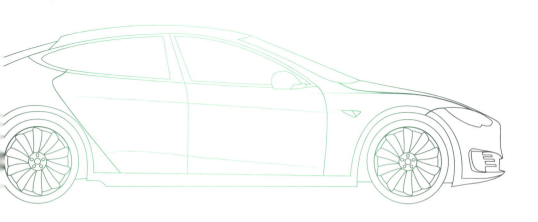

化学工业出版社

·北京·

内 容 提 要

本书以通俗、易懂、有趣的文字全面系统地介绍了关于电动汽车的相关知识，包括电动汽车的发展历程、电动汽车关键技术、电动汽车三电系统、电动汽车动力电池知识以及相关标准和测试规范，同时还介绍了电动汽车的主要参数、电动汽车的购买和保养等知识。

无论是从事汽车行业的工程技术人员或者管理人员，还是电动汽车爱好者，关于电动汽车的疑问都能在本书中找到答案，还在犹豫什么？快来一起探索电动汽车的世界吧！

图书在版编目（CIP）数据

一本书读懂电动汽车/杨宽编著． —北京：化学工业出版社，2020.7（2023.8重印）
ISBN 978-7-122-36771-6

Ⅰ.①一… Ⅱ.①杨… Ⅲ.①电动汽车-基本知识 Ⅳ.①U469.72

中国版本图书馆CIP数据核字（2020）第077637号

责任编辑：曾　越　　　　　　　　　　文字编辑：陈　喆
责任校对：张雨彤　　　　　　　　　　装帧设计：李子姮

出版发行：化学工业出版社（北京市东城区青年湖南街13号　邮政编码100011）
印　　装：涿州市般润文化传播有限公司
710mm×1000mm　1/16　印张11　字数159千字　2023年8月北京第1版第4次印刷

购书咨询：010-64518888　　　　　　　售后服务：010-64518899
网　　址：http://www.cip.com.cn
凡购买本书，如有缺损质量问题，本社销售中心负责调换。

定　　价：69.00元　　　　　　　　　　　　　　　　　版权所有　违者必究

前言 — PREFACE

我国从2015年起成为了全球电动汽车销量的冠军，电动汽车逐渐进入人们的日常生活中。与传统燃油汽车相比，电动汽车分类多，在工作原理、关键技术、日常使用、购买保养以及未来发展等方面都有很大的区别；同时，有很多人对于电动汽车的安全性、使用便捷性、驾驶舒适性、环保性等还存在着很多疑虑。

笔者多年前开始在同济大学系统学习汽车相关知识，后来留学欧洲并在欧洲车企和全球汽车零部件企业工作，一直深耕于与电动汽车相关的领域。基于对电动汽车的热爱，笔者于2017年创办了微信公众号"汽车人参考"，时常撰写与电动汽车有关的文章。通过与不同读者的交流，笔者发现虽然目前一些刊物或者网络上已经有很多电动汽车的知识，但大多都比较片面和零碎，深浅不一，有时候还会出现错误的信息。因此，笔者深刻认识到了系统和准确地普及电动汽车知识的重要性。

本书力求从专业的角度，系统和全面地介绍电动汽车的基本原理、技术知识、购买和保养，以及电动汽车的未来发展情况，并尝试用通俗易懂的文字回答读者对于电动汽车最关注的问题。

本书汇集了笔者多年来学习和工作的经验，面向汽车相关行业的工程技术和管理人员、电动汽车爱好者，希望读者能读有所得。

作为汽车从业者，深深感受到了这几年来汽车行业快速的变化和根本性的变革，汽车的电动化，会让很多技术领域甚者是企业逐渐消失，相关的从业者也面临着转型的困境。因此，每一个汽车人也需要更加努力，需要不断地学习新的东西，不断整理和总结。而通过本书的撰写，也帮助笔者进行了很好的梳理。

变革意味着机会，期望我国以电动汽车为契机，从汽车大国转型为汽车强国。笔者以本书为起点，希望能够为我国汽车行业的发展做出微薄的贡献。

一个汽车从业者和爱好者

杨　宽

目录 — CONTENTS

第1章　电动汽车概览　　/001

002　**1.1**　电动汽车的发展

002　1.1.1　沧海桑田，述说电动汽车的百年发展史
006　1.1.2　厚积薄发，我国电动汽车未来可期
010　1.1.3　决战2030，世界各国争相下注电动汽车

013　**1.2**　如何定义电动汽车

016　**1.3**　电动汽车的分类和工作原理

016　1.3.1　不同的动力系统，电动汽车是这么工作的
020　1.3.2　电动汽车的其他分类方式
023　1.3.3　各种类型电动汽车的比较

027　**1.4**　电动汽车的主要参数

027　1.4.1　电动汽车能跑多远——续航里程
032　1.4.2　电动汽车的油耗和电耗——二氧化碳排放
038　1.4.3　电动汽车的技术参数

第2章 电动汽车关键技术 /041

- 042   2.1   电动汽车和燃油汽车，区别不只是一块电池
- 046   2.2   电动汽车关键技术——"三电"系统
- 046   2.2.1   电驱系统
- 049   2.2.2   电池系统
- 050   2.2.3   电控系统
- 051   2.3   电动汽车怎么跑起来——"电驱"技术
- 051   2.3.1   电动机的分类和工作原理
- 056   2.3.2   电动汽车常用电动机
- 059   2.3.3   减速器的构造和工作原理
- 061   2.3.4   变换器及其核心——"IGBT"
- 066   2.3.5   电驱技术的未来发展
- 069   2.4   电动汽车的大脑——"电控"技术
- 070   2.4.1   大脑中的大脑——整车控制器的基本原理
- 073   2.4.2   如何控制电动机
- 076   2.4.3   动力电池的灵魂——电池管理系统BMS
- 079   2.4.4   控制器是如何通信的——总线技术
- 082   2.5   读懂ISO 26262道路车辆功能安全
- 085   2.6   三电系统的测试
- 089   2.7   走向2025，我国电动汽车技术发展路线图

第3章 动力电池知识 　／093

- 094　**3.1　电池的基本原理以及分类**
- 094　3.1.1　电化学反应
- 097　3.1.2　电池的分类及比较
- 101　3.1.3　动力电池的构造和电芯的封装
- 104　**3.2　动力电池的主要参数**
- 108　**3.3　动力电池的关键技术**
- 108　3.3.1　经得起火炼，耐得住严寒——电池热管理技术
- 111　3.3.2　电池这么重要，如何保证安全
- 113　3.3.3　电池的生产和组装
- 115　**3.4　动力电池的使用和维护**
- 115　3.4.1　认识电池充电动机理，学会科学充电
- 116　3.4.2　电池的储存、运输、保养以及维修
- 118　**3.5　动力电池的市场**
- 118　3.5.1　动力电池在我国发展一览

120　　3.5.2　世界各国争相发展动力电池

122　　3.5.3　一张图看懂电池的产业链

124　**3.6　动力电池的未来**

124　　3.6.1　废旧电池如何回收

125　　3.6.2　电池的技术发展路线图

127　　3.6.3　下一代电池技术——全固态电池

第4章　电动汽车的购买和保养　　/129

130　**4.1　一张图看懂电动汽车产业链**

133　**4.2　电动汽车的关键政策**

133　　4.2.1　补贴退坡，电动汽车有何影响

136　　4.2.2　不是所有车企都能生产电动汽车

137　　4.2.3　解读"双积分"

139　**4.3　电动汽车的辐射**

141　**4.4　电动汽车的保养**

143	4.5	电动汽车十大疑虑解析
146	4.6	典型电动汽车解析
146	4.6.1	重新定义电动汽车——特斯拉 Model S
148	4.6.2	打造王朝系列——比亚迪秦
150	4.6.3	电动汽车的常青树——日产聆风

第5章 电动汽车的未来 / 153

154	5.1	燃油车禁售，电动汽车会取代传统燃油汽车吗？
155	5.2	燃料电池汽车
156	5.2.1	燃料电池的基本原理和构造
158	5.2.2	氢燃料电池和锂电池，谁才是新能源汽车的未来
160	5.2.3	"未来"已来，丰田 Mirai 燃料电池汽车介绍
163	5.3	充电设施发展，化解"充电难"和"利用率低"的尴尬

参考文献 / 167

第1章

电动汽车概览

1.1 电动汽车的发展

1.1.1 沧海桑田,述说电动汽车的百年发展史

电动汽车的出现比燃油汽车早了近半个世纪,经历了短暂的繁荣而迅速走向衰落。当前,能源结构转型,环境问题突出,互联网迅猛发展,电动汽车又迎来了新的春天。

(1)起源

电动汽车最早可以追溯到19世纪初,虽然业界对是谁第一个发明电动汽车有争议,但是这些早期的发明家都为电动汽车发展奠定了坚实的基础。

1828年,被誉为直流发电机之父的匈牙利物理学家耶德利克·阿纽什(Jedlik Ányos)发明了一种由他设计的电动机来驱动的模型车(图1.1),将电动汽车的概念首次带入了人们的视野。

图1.1
耶德利克·阿纽什发明的早期电动汽车模型

图1.2

西伯兰德斯·斯特拉廷和克里斯托弗·贝克尔发明的电动车

1834年,来自荷兰的化学家西伯兰德斯·斯特拉廷(Sibrandus Stratingh)教授和他的助手克里斯托弗·贝克尔(Christopher Becker)发明了由一种不可充电的原电池驱动的小型电动汽车(图1.2),首次将电池作为汽车的动力来源,这辆小车可以称为电动汽车的先驱。

需要指出的是,世界上第一辆燃油汽车诞生于1886年,电动汽车的出现比燃油汽车整整早了近半个世纪。

(2)可充电电池的发明

1859年,法国物理学家加斯顿·普兰特(Gaston Planté)发明了世界上第一种可充电电池——铅酸电池(图1.3),该电池奠定了电动汽车动力来源的基础,解决了电动汽车续航的关键问题。

直至今天,电动汽车的电池除了安全性和尺寸上有提升外,在原理上与百年前的铅酸电池并没有本质的区别,依然使用的是同一套理论体系。

图1.3

加斯顿·普兰特发明的铅酸电池

（3）短暂的黄金时代

随着铅酸电池技术的不断发展，到了19世纪后期，法国和英国成为了世界上第一批广泛支持电动汽车发展的国家。

1881年11月，法国发明家古斯塔夫·特鲁维（Gustave Trouvé）在巴黎国际电力展上展示了一辆电动三轮汽车。

同年，英国人威廉·艾尔顿（William Ayrton）和约翰·佩里（John Perry）建造了第一辆拥有电灯的电动三轮车。该三轮车后轮有两个大轮子，前面有一个小轮子，使用十个铅酸电池串联，通过一个接一个地打开和关闭来改变速度，见图1.4。该三轮车根据路况能够行驶16～40km，最高时速可达14km/h。

而美国有些落后，直到1891年，第一辆电动汽车才由威廉·莫里森（William Morrison）发明。该车辆是一辆六座客车，由存放在座椅下方的24个电池供电，最高时速能够达到23km/h（图1.5）。

图1.4
英国人威廉·艾尔顿和约翰·佩里发明的电动三轮车

图1.5
威廉·莫里森发明的六座电动汽车

19世纪末20世纪初，由于在性能上大大超过同期其他类型的汽车，电动汽车越来越受到欢迎，电动汽车的销售也随之达到顶峰，特别在美国，电动汽车迅速进入了"黄金时代"。

据统计，当时美国共登记了近3.4万辆电动汽车，是世界上电动汽车获得最多认可的国家。在美国汽车保有量中，电动汽车占比达到38%，蒸汽汽车占比为40%，而燃油汽车占比仅为22%。

（4）电动汽车几乎消失

电动汽车在享受了20世纪初的短暂繁荣后，出人意料地出现了反转。

随着道路等基础设施的改进，石油大规模的开采及应用，燃油汽车在长距离运输上更加便捷和便宜；而电动汽车速度慢、续航里程低、充电慢等短板也逐渐暴露出来。

内燃机技术的发展进一步加剧了电动汽车行业的萎缩。起动电动机的发明，使燃油汽车摆脱了手摇曲柄而变得更加容易操作。消声器的使用，使燃油汽车的噪声大大降低。再加上福特汽车的大规模生产，使燃油汽车价格大大降低，而电动汽车价格却在持续上涨。

这一系列因素的叠加，使得电动汽车到1935年竟然几乎消失。

之后，电动汽车技术停滞不前，没有了太大的发展，燃油汽车长时间"称霸天下"，直至21世纪初。

（5）新的发展机遇，黄金时代再次来临

岁月变迁，时间的车轮进入了21世纪。今天，全球的能源结构正在进行从化石能源转为低碳能源的深刻变革，人们对燃油汽车尾气排放等环境污染问题的重视程度也达到了前所未有的高度，电动汽车又回到了人们的视野。

各国相继出台了更加严格的汽车排放法规，甚至提出了限售燃油汽车时间表，全球各大车企也随之推出了更加省油和低排放的车辆，最终的目标很明确：实现汽车零排放。

随着互联网不断发展和汽车共享等新出行方式的出现，电动汽车正在与

绿色能源、智能电网、新一代移动通信、共享出行、车联网、大数据等深度交融，焕发出了无限的生机和活力，可以称为新一轮的汽车革命。

2018年，我国电动汽车销量首次超过百万辆，超过了全世界其他国家所有电动汽车销量的总和。比亚迪等自主品牌不断崛起，外资特斯拉汽车入华，蔚来等造车新势力跃跃欲试。谁掌握了先机，谁就赢得了主动，我国比任何国家对这一轮的汽车革命都有更加热切的期待。

1.1.2　厚积薄发，我国电动汽车未来可期

经过数十年的努力，我国电动汽车市场经历了从探索期，到培育期，再到快速发展期的过程，在逐渐走向成熟的路途中，出现的隐忧也值得我们关注。

（1）电动汽车起步早，布局早

我国电动汽车布局早在2000年就开始了，电动汽车研究开发作为国家"863计划"的重大专项之一，从那时起就投入大量的研发经费。

随着研发不断进行，形成了以"纯电动汽车""插电式混合动力汽车""燃料电池汽车"三条技术路线为三纵，"动力电池技术""驱动电动机技术""整车电控技术"三种共性技术为三横的"三纵三横"电动汽车研发格局（图1.6）。

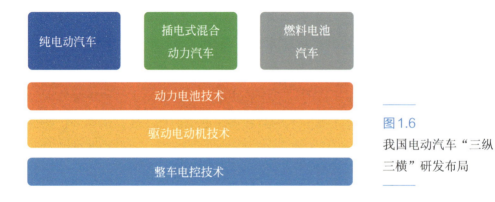

图1.6　我国电动汽车"三纵三横"研发布局

十几年来，虽然"三纵三横"内容有所调整，但框架和本质内容都没有大的变动。

经过9年多的积累，一直到2009年，科技部等部门启动了"十城千辆"新能源汽车的示范推广，即通过财政补贴，用3年时间，每年发展10个城市，每个城市推出1000辆新能源汽车开展示范运行。我国电动汽车吹响了大规模示范推广的号角，开始了蓬勃发展。

（2）宏伟目标：200万辆

2012年，国务院发布了《节能与新能源汽车产业发展规划（2012—2020年）》，可以称为我国电动汽车现阶段发展规划的纲领性文件。

在规划中提出了以下两个"硬性目标"：

① 到2015年，纯电动汽车和插电式混合动力汽车累计产销量达到50万辆；

② 到2020年，纯电动汽车和插电式混合动力汽车生产能力达200万辆、累计产销量超过500万辆。

为了达到这个目标，中央政府和地方政府先后发布了包括财政补贴在内的大量政策来支持电动汽车发展，购车补贴、不限牌、不限行、免购置税等多重红利相继到来。

（3）电动汽车快速增长

在政策不断支持下，取得的成果是显而易见的。我国电动汽车销量每年节节攀升。我国电动汽车销量统计见图1.7。

2009年启动的"十城千辆"推广示范（图1.8），3年时间一共有三批二十五个城市参与其中，共计推广了2.7万辆电动汽车。

到了2014年，我国电动汽车销量达到了7.5万辆，同比增长超过了300%。

到了2015年，我国电动汽车销量一举达到37万辆，同比增长近400%，也超过美国，成为了世界第一。

2016年，我国电动汽车销量突破50万辆，累计推广超过100万辆，占全球新能源汽车保有量的50%，实现产销量、保有量、充电桩建成数量全球第一。

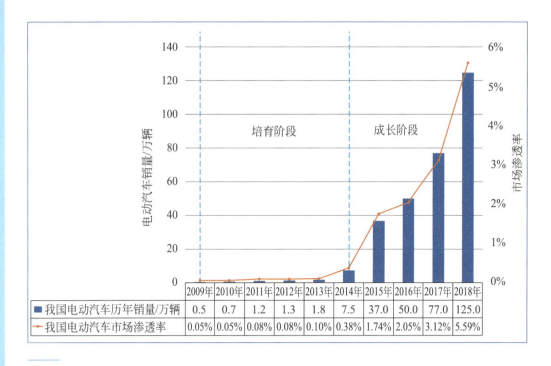

图1.7
我国电动汽车销量统计（数据来源：中国汽车工业协会）

图1.8
2014年启动的"十城千辆 一元体验"的活动

（4）电动汽车迈向成熟，隐忧相伴

如果以电动汽车销量占比汽车整体销量的市场渗透率作为指标来看，我国电动汽车市场也经历了从探索期，到培育期，再到快速发展期的过程。

市场渗透率

市场渗透率是指实际销量在市场潜量中所占百分率,按照产品生命周期曲线(图1.9),新的产品在市场上一般会经历探索、培育、成长、成熟和衰退五个阶段,五个阶段的划分可以市场渗透率为参照:

❶ 探索阶段:市场渗透率一般低于0.01%;
❷ 培育阶段:市场渗透率介于0.01% ~ 0.1%;
❸ 成长阶段:市场渗透率介于0.1% ~ 10%;
❹ 成熟阶段:市场渗透率高于10%;
❺ 衰退阶段:市场渗透率逐渐降低,出现新的替代产品。

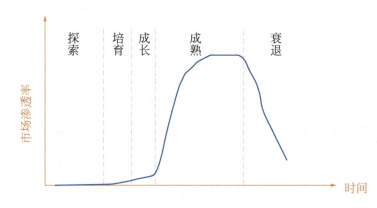

图1.9 产品生命周期曲线

2009年之前,我国电动汽车市场渗透率低于0.01%,这个时期我国电动汽车市场还处于探索阶段,主要以基础研发以及市场探索为主,刚刚建立起产业链。

到了2009年,我国电动汽车市场渗透率超过了0.01%,进入了培育阶段,这个阶段主要以产业大规模示范应用为主,产业链初步建立起来,但相关企业发展仍然离不开大量补贴。

2014年至今,电动汽车市场渗透率超过0.1%,这个时候进入了快速成长阶段,产业链基本完善并且不断成熟,政府补贴由全方位补贴逐步改为有目的性的补贴（例如补基础设施，补充电等）。

目前，我国电动汽车的发展多得益于政府补贴，在快速发展的同时，也伴随着诸多隐忧。

很多企业为了获取补贴，没有把技术创新作为核心，而把主要精力放在产能扩张上；各种电动汽车层出不穷的自燃等安全事故，也在消费者心里打上一个大大的问号。

如果说我国在电动汽车的数量上取胜了，那么在电动汽车的"质"上，也需要多下功夫，才有利于长远发展。

1.1.3 决战2030，世界各国争相下注电动汽车

发展电动汽车已成为各国共识，各国都出台了大量的政策并制订了雄伟的目标。目前我国是电动汽车保有量和销量最多的国家。

（1）全球电动车保有量

据国际能源署（IEA）的统计，2017年全球电动汽车（乘用车）保有量达310万辆，其中纯电动汽车的占比达2/3（图1.10）。

电动汽车保有量前三甲国家分别为中国（约120万辆，占比40%），美国（约75万辆，占比25%）和日本（约20万辆，占比6%）。

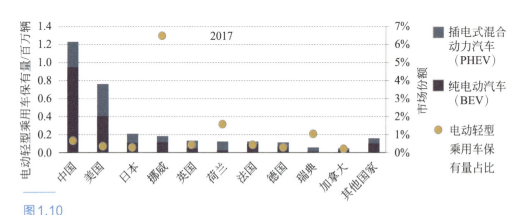

图1.10
2017年全球电动汽车保有量以及占比

另外一方面，电动汽车占本国汽车保有量份额最高的国家却是欧洲国家，分别为挪威（占比6.4%），荷兰（占比1.6%），瑞典（占比1%）。

除了310万辆电动汽车外，全球还有近25万辆电动商用车投入使用，保有量排名前三的国家分别为：中国17万辆、法国3.3万辆、德国1.1万辆。这些电动商用车通常为企业或者政府用车（如物流车等），且99%以上都是纯电动。

（2）全球电动车销量

据国际能源署的数据，2017年全球电动汽车销量达到了110万辆，中国电动汽车（不含电动商用车）销量58万辆，约占全球的一半（图1.11）。

在这110万辆销量中，有2/3是纯电动汽车。挪威的电动汽车销售份额处于绝对领先地位，在新车销售中有39%为电动汽车。

有意思的是，中国、法国、荷兰市场表现出对纯电动汽车较强的倾向性，新车销量占比均在75%左右；而插电混合动力汽车在日本、英国、瑞典销量

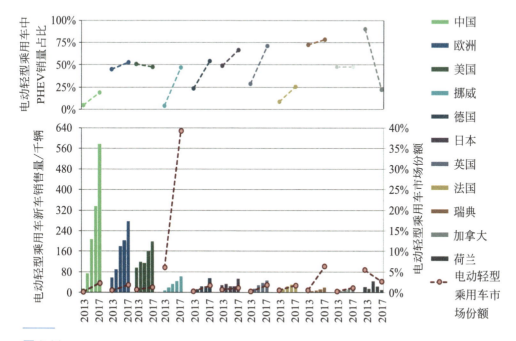

图1.11

2017年全球电动汽车销量以及市场份额

比较多，占比也达到了75%左右。

（3）各国政策刺激电动汽车发展

电动汽车的发展都是由各国政策所驱动的，不仅是中国，在美国、欧盟、印度等国家和地区都出台了强有力的措施推动电动汽车发展。一方面逐年加严汽车的尾气排放法规来限制燃油汽车的发展，另一方面要求汽车厂商生产一定数量的电动汽车，同时通过财政刺激鼓励消费者购买电动汽车。这里举三个例子。

欧盟委员会提出到2025年所有新车的每千米二氧化碳排放相比于现在需要减少15%，到2030年要减少30%，如果不达标，将会进行罚款。

美国加州制订了零排放电动汽车计划，该计划为每个汽车厂商分配了零排放汽车积分，汽车厂商要么需要销售一定数量的零排放电动汽车，要么通过花钱购买积分来完成所设定的目标。加州也制订了"低碳和零排放"路线图（图1.12），要求在2025年要有150万辆零排放汽车投入使用。

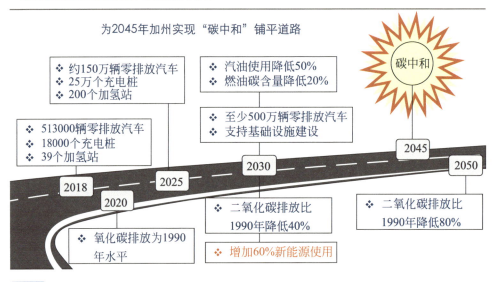

图1.12

美国加州制订的低碳和零排放路线图

挪威政府发布了一系列财政激励措施，如为电动汽车免除增值税和车辆登记税，电动汽车可以免费使用收费道路以及返还流通税等。挪威政府提出，到2025年所有的轻型乘用车、轻型商用车和城市公交车销售100%为电动汽车。

（4）决战2030

事实上，发展电动汽车已经成为各国的共识，而汽车电动化的趋势不可阻挡。政策的不断加码落地，电动汽车技术的成熟和成本的降低，公众对电动汽车的认知和接受程度不断增加，未来全球电动汽车的发展必然生机勃勃。

据国际能源署预测，至2020年，电动汽车全球保有量达到1300万辆，到2030年将达到近1.3亿辆。而电动汽车的销售量到2020年将达到400万辆，到2030增长到2150万辆。

如此巨大的市场，当然也是各国都不愿放弃的"香饽饽"，都制订了雄心勃勃的电动汽车计划，把时间节点定在了2030年左右。

挪威要在2025年起仅销售零排放汽车，丹麦、爱尔兰、芬兰、瑞典、德国、荷兰和奥地利等力求在2030年停止销售污染汽车等。

电动汽车的竞争是全球的竞争，谁先抢占技术高地，谁就能赢得市场先机。

1.2
如何定义电动汽车

新能源汽车具有广泛的定义，狭义上来讲，目前我们说的新能源汽车都是指电动汽车，电动汽车主要又分为混合动力汽车和纯电动汽车。

（1）新能源汽车的定义

新能源汽车，顾名思义，指采用新的能源作为动力来源的汽车，这里新的能源指的是非传统的汽油、柴油、天然气等化石能源。

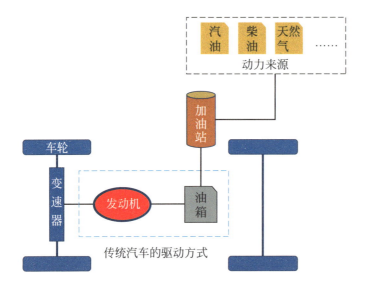

图1.13
传统汽车动力来源及驱动方式

另外，采用新的驱动方式或者储能方式的汽车，也可以称为新能源汽车，新的驱动方式或储能方式指的是区别于传统燃油汽车的发动机-油箱的驱动方式（图1.13）。

按照广义的定义，新能源汽车包含了使用电能、太阳能、氢能、核能、风能、压缩空气等作为动力来源的汽车，也包含了采用电动机驱动的，或者采用超级电容器和飞轮等新型储能器的汽车。

新能源汽车种类这么多，但大部分都处于概念阶段。目前已在应用阶段的新能源汽车主要是两类：一类是动力来源是电能，由电动机驱动的汽车，即电动汽车；另一类是动力来源是氢气，由电动机驱动的汽车，即燃料电池汽车。

由于燃料电池汽车，无论从技术成熟度，还是商业化程度，均远不及电动汽车，因此狭义上目前我们说的新能源汽车就是指电动汽车。

（2）电动汽车的定义

我们国家对新能源汽车也有官方的定义。根据工信部2017年出台的《新能源汽车生产企业及产品准入管理规定》，新能源汽车是指采用新型动力系统，完全或者主要依靠新型能源驱动的汽车，包括插电式混合动力（含增程式）汽车、纯电动汽车和燃料电池汽车等，如图1.14所示。

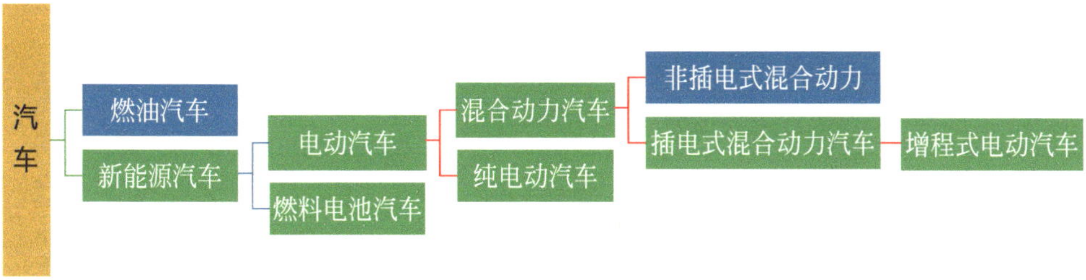

```
汽车 ┬ 燃油汽车
     └ 新能源汽车 ┬ 电动汽车 ┬ 混合动力汽车 ┬ 非插电式混合动力
                  │          └ 纯电动汽车   └ 插电式混合动力汽车 ── 增程式电动汽车
                  └ 燃料电池汽车
```

图 1.14 新能源汽车分类

注意：一般的混合动力汽车（非插电式）并不划分在新能源汽车范畴。

按照以上对新能源汽车的分类，参照国标 GB/T 19596—2017《电动汽车术语》分别对每一项进行定义，具体定义及特点见表 1.1。

表 1.1 新能源汽车的分类、定义及特点

分类	定义	特点
燃油汽车	动力来源是传统的汽油、柴油、天然气等化石能源，由发动机驱动的汽车	化石能源 发动机驱动
电动汽车（Electric Vehicle，EV）	动力来源是电能，由电动机驱动的汽车	电能 电动机驱动
纯电动汽车（Battery Electric Vehicle，BEV）	动力来源完全由电能提供，由电动机驱动的汽车，其中电能储存在电池中	全部电能 电动机驱动
混合动力电动汽车（Hybrid Electric Vehicle，HEV）	动力来源由传统化石能源或者电能提供的汽车	化石能源或电能
插电式混合动力汽车（Plug in Hybrid Electric Vehicle，PHEV）	可以外接充电获取电能的混合动力电动汽车	外接充电 混合动力
增程式电动汽车（Range Extended Electric Vehicle，REEV）	在电池电量耗尽的情况下使用其他能源（如汽油）进行电能补给的电动汽车	增程器 混合动力 串联
燃料电池汽车（Fuel Cell Vehicle，FCV）	以燃料电池系统（一般为氢能）作为动力源的汽车	氢能

扫码看
宝马i3增程式电动汽车主要构造

图1.15　宝马i3增程式电动汽车

这里说一下增程式电动汽车，实际上是插电式混合动力汽车的串联形式，我们会在下一节详细介绍。

大多数情况下增程式电动汽车工作为纯电动模式，少数情况下由增程器产生电能供电池充电，而增程器一般指的就是发动机与发电机的组合。

相对于混合动力汽车，增程式电动汽车拥有简单的构型和更少的成本；相对于纯电动汽车，增程式电动汽车无续驶里程的担忧。所以在我国，增程式电动汽车归于新能源汽车，也是国家鼓励发展的一个方向。图1.15为宝马i3增程式电动汽车。

1.3 电动汽车的分类和工作原理

1.3.1　不同的动力系统，电动汽车是这么工作的

上文我们介绍了电动汽车可以分为纯电动汽车和混合动力汽车，而混合

动力汽车又可以分为插电式混合动力汽车和非插电式混合动力汽车。这一节我们分别来介绍一下它们是如何工作的。

（1）纯电动汽车（Battery Electric Vehicle，BEV）

图 1.16（a）为我们熟知的燃油汽车构造，动力系统主要由车轮、变速器、发动机以及油箱组成。

燃油汽车工作原理：加油站供给汽油，至汽车油箱储存，汽油从油箱输送至发动机燃烧做功，产生的动力通过变速器传递给车轮，从而带动燃油汽车运动。

图 1.16
从燃油汽车演变为纯电动汽车

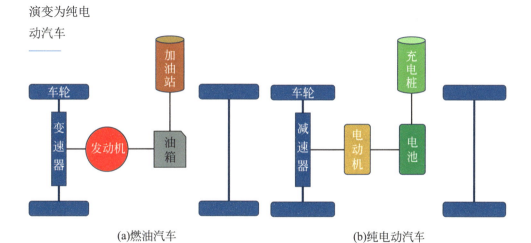

(a)燃油汽车　　　　　　　　　　(b)纯电动汽车

燃油汽车常采用的汽油发动机，是一种将化学能转化为机械能的装置，汽油喷射系统将汽油喷入气缸，经过压缩达到一定的温度和压力后，用火花塞点燃，使气体膨胀做功，驱动气缸内的活塞做往复运动，由此带动连在活塞上的连杆和与连杆相连的曲柄，围绕曲轴中心做往复的圆周运动，曲轴经过变速器与汽车车轮相连，从而输出动力。

如果我们用电池和电动机分别取代传统燃油汽车中的油箱和发动机，这时候动力（电能）通过减速器传递至车轮，便得到了纯电动汽车［图1.16（b）］，而加油站也被充电桩取代。

纯电动汽车工作原理：通过充电桩从电网取电，电能储存在电池中，并可用于驱动电动机运转产生动力，动力通过减速器传递至车轮，从而带动电动汽车运动。

可以看到，纯电动汽车的动力形式其实十分简单。

（2）插电式混合动力汽车（Plug in Hybrid Electric Vehicle，PHEV）

按照不同的动力系统，插电式混合动力汽车可以分为并联、串联、混联三种形式，如图1.17所示，他们都是以燃油汽车和纯电动汽车为基础衍生出来的。

① **并联形式**　并联形式如图1.17（a）所示。

我们将图1.16（a）燃油汽车的动力系统与图1.16（b）纯电动汽车的动力系统相加，便得到了并联形式的插电式混合动力汽车。

可以看到，发动机和电动机以并联的方式，可以分别单独或者同时为汽车提供动力。汽油从加油站至油箱储存，在发动机中燃烧做功产生动力，通过变速器传递至车轮，或者是电能从充电桩至电池储存，电能驱动电动机运转产生动力，通过变速器传递至车轮。

② **串联形式**　串联如图1.17（b）所示。

如果将图1.17（a）中的发动机与车轮的连接断开，通过发电机将发动机和电池串联起来，便得到了串联形式的插电式混合动力汽车。增程式混合动力汽车就采用的是插电式混合动力汽车的串联形式。一般把发动机与发电机的组合叫作增程器。

可以看到，汽油从加油站至油箱储存，在发动机中燃烧做功的主要作用是为电池充电，电池储存的电能要么来自充电桩，要么来自发动机汽油燃烧，电能再由电池输送至电动机，从而单独为汽车提供动力。

③ **混联形式**　混联形式如图1.17（c）所示。

如果在图1.17（a）并联形式的基础上，通过发电机将发动机和电池串联

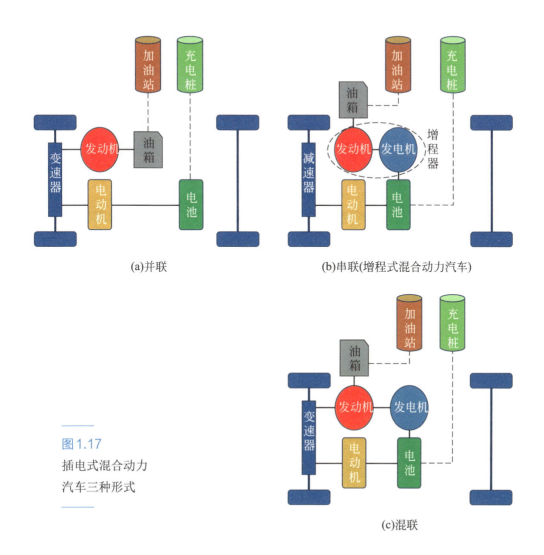

图 1.17 插电式混合动力汽车三种形式

(a) 并联　(b) 串联(增程式混合动力汽车)　(c) 混联

起来，可以得到混联形式的插电式混合动力汽车。

汽油从加油站至油箱储存，在发动机中燃烧做功，一方面既可以为电池充电，一方面也可以为汽车提供动力。而电池储存的电能来自充电桩，或者来自发动机汽油燃烧，电能再输送至电动机，驱动电动机为汽车提供动力。

（3）非插电式混合动力汽车（Hybrid Electric Vehicle，HEV）

上文中插电式混合动力汽车的"插电"功能取消，即不能通过外接的充电桩给电池充电，便得到了非插电式混合动力汽车。

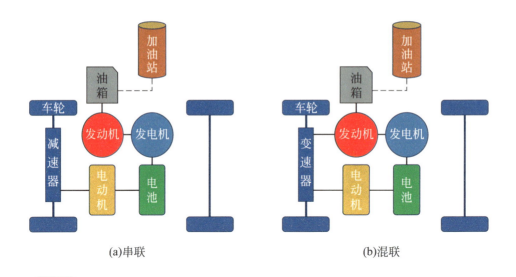

图1.18 非插电式混合动力汽车的不同形式

非插电混合动力汽车的动力系统也可以衍生出串联［图1.18（a）］和混联［图1.18（b）］两种形式，工作原理这里不再重复。

不同构造的电动汽车，无论是在技术成熟性，能源效用性，还是经济实用性上都有着各自的特点，之后的章节将会详细解析不同构造电动汽车的优缺点。

1.3.2 电动汽车的其他分类方式

按照不同动力系统，电动汽车可以分为并联、串联、混联三种形式。除此之外，平时我们也会听到轻混电动汽车、强混电动汽车，还有48V电动汽车等名词，那么本节我们来介绍电动汽车的其他分类方式。

（1）油电混合度

电动汽车按照油电混合度，可以分为轻混（也叫弱混）汽车、强混汽车、插电混动汽车、纯电动汽车四种类型。

所谓的油电混合度，即电动汽车用电的比例，例如，纯电动汽车全部都是由电力驱动行驶的，因此，纯电动汽车的用电比例或者油电混合度为100%。

电动汽车的油电混合度，与其搭载的动力电池能量大小是成正比的。电动汽车用电比例越高，电池的能量越大，电压也越高。

如表1.2所示，轻混电动汽车的油电混合度一般在5%～25%，电池带电量在0.5～0.8kW·h，如吉利最新推出的博瑞GE就是轻度混合电动汽车。

表1.2 电动汽车按油电混合度分类

分类	轻混/弱混汽车	强混汽车	插电混动汽车	纯电动汽车
英文以及常用缩写	Mild Hybrid Electric Vehicle（MHEV）	Hybrid Electric Vehicle（HEV）	Plugin Hybrid Electric Vehicle（PHEV）	Battery Electric Electric Vehicle（BEV）
油电混合度	5%～25%	25%～50%	50%以上	100%
电池能量/kW·h	0.5～0.8	1～1.5	5～15	>30
代表车型	吉利博瑞GE	丰田普锐斯	比亚迪秦	特斯拉

随着带电量的增加，如果油电混合度在25%～50%，就属于强混电动汽车，如经典的丰田普锐斯就是这一类型。

一般的插电混合动力电动汽车油电混合度能达到50%以上，电池电量一般为5～15kW·h左右，经典的车型如比亚迪秦。

电池超过30kW·h的一般都属于纯电动汽车，油电混合度为100%，如特斯拉全系车型。

（2）典型的轻混电动汽车——48V电动汽车

单独介绍一下目前很主流的轻混电动汽车，也叫48V电动汽车。即汽车上搭载一个相对能量较小的电池，该电池的电压为48V。

一般来说汽车上都有一个电压为12V的铅酸蓄电池，它主要用于汽车的启动和照明，以及为汽车整车控制器、水泵、油泵等辅助部件进行供电。

而轻混动力汽车，在12V系统的基础上又增加了一个48V的电池。

为何要选择48V呢？对于汽车来说，一般低于60V的都为安全电压，不需要采取额外的电压防护，考虑到20%的余量，因此48V的电压是比较好的选择。

根据以下公式：

$$功率＝电压 \times 电流$$

可以看到，想要提高系统的功率，有两种方式：一种是提高电压，一种是提高电流。但提高电流，同时也会提高导线损耗，如下公式：

$$导线损耗＝导线电阻 \times 电流的平方$$

导线损耗与电流的平方成正比，因此，提高电压才是提高系统功率最好的选择。

从另外一个角度讲，相对于传统的12V系统，相同的功率下，48V系统的电流只有1/4，而导线损耗只有其1/16。

更重要的是，采用48V系统，对于传统燃油汽车结构改变不大，相比于采用更高电压的强混电动汽车（电池电压大于100V），成本更低，却可以达到高电压混动大部分的节能效果。

搭载48V轻度混合系统，可以实现的功能见图1.19。

功能	说明
纯电动行驶	起步或者车速较低时，可以纯电动行驶
能量回收	制动和滑行时，可以回收能量，储存在电池中
发动机熄火滑行	关闭发动机，实现更长距离行驶，同时减少发动机摩擦损失
加速助力	电池能量辅助输出，提供额外功率用于加速
发动机工况优化	适时优化发动机的工作状况，改善油耗
自动启停	提高启停的响应速度，减少启停顿挫感

图1.19 48V轻度混合系统可实现的功能

需要指出，目前汽车搭载的12V铅酸蓄电池短期内是无法取消的，基于历史原因，目前汽车上的电器（灯、整车控制器、泵等）都适用12V电压。如果取消12V系统而全部切换到48V系统，那么这些电子元件都需要重新开发，成本必然会大幅提高。但从长期来看，48V系统一定会逐渐取代12V系统，也就是说汽车只需要搭载一个48V的电池即可。

汽车发展初期，车载电气设备很少，随着起动电动机的普及，汽车开始装备蓄电池，当时的电压标准是6V。

20世纪50年代，随着越来越多的电气化设备在汽车上应用，6V系统所能提供的功率太低，已无法满足更多的用电需求，因此车载标准电压从6V提升到了12V。

12V电压随后便成为了全球的通用标准，采用通用标准可以大幅度降低车企与电气设备供应商之间的协调，能降低开发和制造成本。

20世纪90年代，有部分车企曾尝试将电压从12V提升至36V以应对未来汽车电气化的趋势，因变革成本太大，包括线路在内的所有电气元件都要彻底更换，最终无法在市场上得以推广。

1.3.3　各种类型电动汽车的比较

（1）电动汽车与燃油汽车

电动汽车与燃油汽车的优缺点比较见表1.3。

表1.3 电动汽车与燃油汽车的优缺点比较

类型	优点	缺点
电动汽车	● 低排放甚至零排放 ● 噪声少 ● 精简传动机构，空间相对较大 ● 起步加速性能好 ● 能实现制动能量回收 ● 充电费用相对较低 ● 政府补贴以及上牌优势	● 充电时间长 ● 缺少充电配套设施 ● 驾驶员续航里程焦虑 ● 价格相对较高 ● 电池失火风险 ● 电池二次污染
燃油汽车	● 技术成熟 ● 加油速度快，便利	● 发动机尾气排放 ● 发动机噪声 ● 换挡顿挫 ● 能量转换效率低 ● 政策限制

 拓展

续航里程焦虑，英文全称为"range anxiety"，指的是驾驶员驾驶电动汽车时因担心没电而引起的精神痛苦或忧虑。

与燃油汽车相比，电动汽车的续航里程需要满足日常出行需求，电池的充电时间是需要考量的重要因素，另外，纯电动汽车的使用还需要解决充电设施的问题，而充电设施的建设目前尚需时间。

本书会在之后章节介绍电动汽车重要参数续航里程（1.4.1节），电池充电的相关知识（3.4小节），以及充电基础设施发展情况（5.3节）。

（2）纯电动汽车与混合动力汽车

纯电动汽车与混合动力汽车的优缺点比较见表1.4。

表1.4 纯电动汽车与混合动力汽车的优缺点比较

类型	优点	缺点
纯电动汽车	• 零排放 • 系统布置简单 • 更为安静平顺，且动力响应更为迅速 • 政策导向	• 续航里程受限 • 驾驶员续航里程焦虑 • 电池失火风险 • 电池寿命相对较低（持续输出和深度放电）
混合动力汽车	• 续航里程较长 • 相对安全（电池更小）	• 发动机尾气排放 • 系统布置复杂 • 空间相对较小（传动机构多）

相比混合动力汽车，目前国家政策更加支持纯电动汽车的发展，但混合动力汽车能够弥补纯电动汽车续航里程不足的缺点，克服消费者焦虑。

（3）混合动力汽车并联、串联、混联比较

混合动力汽车并联、串联、混联优缺点比较见表1.5。

表1.5 混合动力汽车并联、串联、混联优缺点比较

项目	并联电动汽车	串联电动汽车	混联电动汽车
动力传动部件	• 较小功率的发动机和电动机 • 部件体积较小 • 动力耦合装置	• 较大功率的电动机 • 较大容量的电池 • 部件体积较大	• 较小功率的发动机和电动机 • 部件体积小但比较多 • 较多的机械传动部件及动力耦合装置
驱动模式	• 电动机单独驱动 • 发动机单独驱动 • 发动机+电动机混合驱动 • 可实现四驱	• 电动机单独驱动	• 电动机单独驱动 • 发动机单独驱动 • 发动机+电动机混合驱动 • 可实现四驱

续表

项目	并联电动汽车	串联电动汽车	混联电动汽车
能量传递路线	● 发动机驱动：化学能→动能 ● 电动机驱动：电能→动能 ● 发动机电动机混合驱动：化学能+电能→动能 ● 制动：动能→电能	● 发动机发电：化学能→电能 ● 电动机驱动：电能→动能 ● 制动：动能→电能	● 发动机驱动：化学能→动能 ● 电动机驱动：电能→动能 ● 发动机发电：化学能→电能 ● 发动机电动机混合驱动：化学能+电能→动能 ● 制动：动能→电能
适用路况	● 适合在高速公路上行驶 ● 接近于燃油汽车性能	● 适合在路况复杂的城市道路运行 ● 接近于纯电动汽车性能	● 多种驱动和工作模式，能适应复杂多变的行驶工况 ● 接近于燃油汽车性能
能量管理系统	复杂	简单	特别复杂
发动机排放	发动机工况变化大，排放高	发动机工作稳定，排放较低	发动机排放在并联与串联之间
整车布置	● 发动机传动为机械连接方式 ● 动力总成间需要耦合装置，结构较为复杂，布置受到一定限制	动力总成间没有机械连接方式，布置自由度较大	● 发动机传动为机械连接方式 ● 动力总成间需要耦合装置，结构复杂，布置要求紧凑
代表车型	比亚迪秦以及市面上大部分混动车型	雪佛兰沃蓝达、宝马i3、传祺GA5	丰田普锐斯

从表1.5可以看出，并联、串联、混联三种方式各有特点，其不同方式性能的发挥，与整车能量管理系统以及控制策略息息相关。

1.4 电动汽车的主要参数

1.4.1 电动汽车能跑多远——续航里程

"续航里程不准"或"里程虚标"是很多电动汽车车主面临的难题。车企标注的等速续航里程或是综合工况（NEDC）续航里程数据看起来很不错，但往往与实际里程有很大的差距。

本节我们就来了解衡量电动汽车重要的参数——续航里程。

（1）续航里程

续航里程，即当前电动汽车能够行驶的里程数，通俗来讲就是电动汽车还能跑多远。这个数值有时会在电动汽车的仪表盘上显示出来（图1.20）。

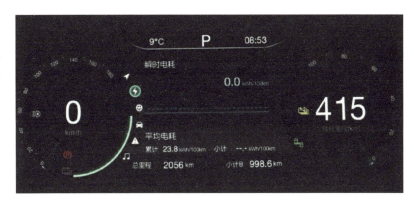

图1.20
某款电动汽车仪表盘显示续航里程415km

我们可以把续航里程分为两大类。一类称为工况实验续航里程，即在实验室条件下，按一定工况测得的续航里程。我们平时听到的最大续航里程、NEDC、EPA等都属于这个类型。另外一类称为实际续航里程，即电动汽车在真实使用条件下，在真实路况上行驶的续航里程。

（2）工况实验续航里程

工况实验续航里程，指的是电动汽车按照法规要求，在实验室的条件下，置于滚筒台架上（图1.21），模拟不同道路的行驶工况测试出的续航里程。汽车的轮胎一般与底部滚筒接触，滚筒与电动机连接，电动机模拟出不同的行驶阻力。

目前我国工况实验续航里程的测试采用的是国家标准GB/T 18386—2017《电动汽车 能量消耗率和续驶里程试验方法》，按照行驶工况分为等速测试法

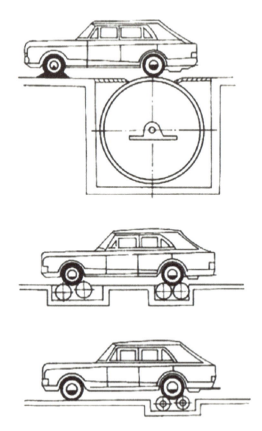

图1.21

模拟汽车道路行驶工况的滚筒台架

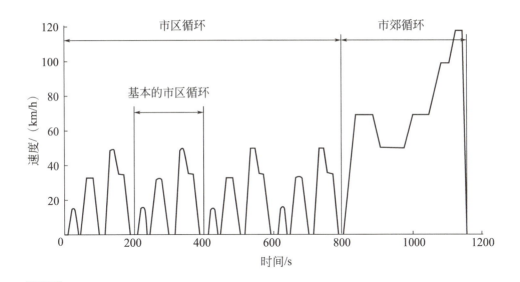

图1.22　NEDC工况测试曲线

和NEDC工况测试法。

等速测试法，即电动汽车充满电后，按照60km/h的行驶工况进行等速测试，得到的结果就是众多车企大力宣传的最大续航里程。

但在日常生活中，很少情况下汽车是在一定速度下等速行驶的，按照这种方法测试出来的结果没有任何参考意义，这也是所谓最大续航里程的鸡肋。

那么NEDC工况测试又是什么？NEDC全称为New European Driving Cycle，即欧洲测试循环，该工况测试方法来源于欧洲，也是目前我国汽车类国家标准广泛采用的工况标准。

NEDC工况测试由4个市区工况和1个市郊工况组成，总距离约为11km，一个循环测试的时间约为20min（图1.22）。

相比于60km/h的等速法，NEDC工况测试法更加接近于实际情况，但也可以看到，NEDC工况测试有很多瑕疵。测试时间短，里程少，多数时间汽车都处于匀速状态下，无论加减速都十分平稳，这与实际驾驶过程基本上是脱轨的。

除了NEDC工况测试外，美国采用的是EPA工况测试，EPA工况包括了市区工况、高速工况、激烈驾驶工况以及空调全负荷工况4个循环（图1.23）。

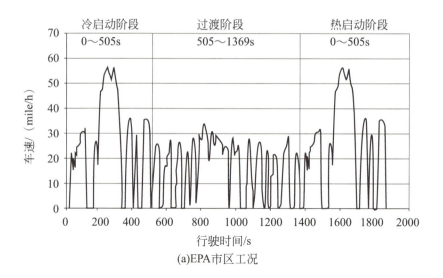

(a)EPA市区工况

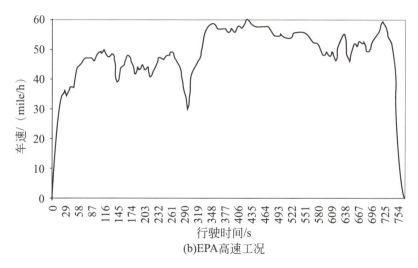

(b)EPA高速工况

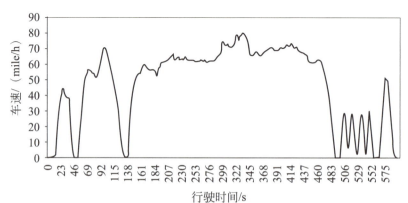

(c)EPA高速加速工况

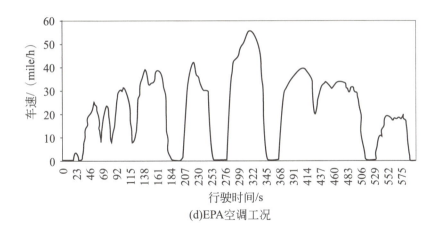

图1.23 美国EPA工况测试

EPA工况循环相比于NEDC来说，又更加接近于实际情况，如根据特斯拉公布的数据，2015款Model S在NEDC测试工况下续航里程为528km，而在EPA测试工况下续航里程只有432km。

日本采用的是JC08循环测试工况，与EPA类似，这里就不再赘述。

（3）实际续航里程

无论是等速测试法测出来的最大续航里程，还是通过NEDC或者EPA等工况测试出的续航里程，它们都是在实验室条件下测试出来的（图1.24）。

图1.24 汽车在滚筒台架上测试

在测试过程中,一般环境温度都是恒定的(20～30℃),而且测试时汽车所有的负载(空调、灯、娱乐设施等)都会关闭。

而在日常生活中,汽车面临的路况与环境是随时随地都在变化的。特别是对电动汽车来说,由于电池的原因,受环境因素的影响更大,因此工况实验续航里程无论怎么测试,都只能作为参考。

工况实验续航里程与实际续航里程最大差多少?根据一些研究报告分析,在炎热气象条件下,电动汽车续航里程与试验相比会下降35%;而在寒冷气象条件下,续航里程下降高达57%。

(4)影响因素

从前文的分析中可以看到,企业宣称的续航里程与电动汽车实际的续航里程完全是两个概念,电动汽车实际续航里程应该是一个动态的数值,主要受到以下这些因素的影响:

① **电池的能量** 带电量越多,电动汽车续航里程越高,但是带电量越多,电池的重量也越大,会降低续航里程。

② **汽车的重量** 汽车越重,带的电池越大,续航里程也会越低。

③ **真实路况和汽车真实的使用情况** 平缓路段的续航里程会比在坑洼道路行驶的续航里程高,行车时车内空调的使用也会极大影响续航里程。

④ **车辆保养情况** 电池会随着使用时间不断老化,电池的容量会不断衰减,续航里程也会逐年降低。

⑤ **驾驶习惯** 急停急启等不好的驾驶习惯也会降低续航里程。

1.4.2 电动汽车的油耗和电耗——二氧化碳排放

无论是混合动力汽车,还是纯电动汽车,无论用电还是用油,都会有能耗的问题。能耗包含两种:第一种类型是油耗,单位为L/100km,和燃油车一致;另外一种类型是电耗,单位为kW·h/100km。

根据国家标准GB/T 37340—2019《电动汽车能耗折算方法》,油耗和电耗两者之间可以相互转换,最终都可以转换为二氧化碳的排放,单位为g/km。

通常情况下，业界都以电动汽车的二氧化碳排放量来衡量电动汽车的能耗情况，同时也可以用来判定电动汽车的环保程度。二氧化碳排放越多，其能耗越大，说明越不节能，也越不环保。

（1）二氧化碳排放限值

图1.25为各个国家对乘用车二氧化碳排放的要求，可以看到每年都在加严，这也是车企发展电动汽车主要的驱动力之一。

从图1.25中可以看到，我国在2020年汽车（汽油车）油耗限值为5L/100km，转换为二氧化碳排放量为116g/km，而欧盟在2021年汽车（汽油车）二氧化碳排放量为95g/km，转换为油耗为4.1L/100km。

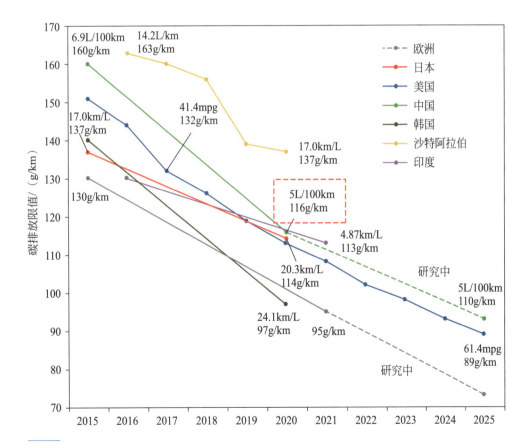

图1.25　各个国家对乘用车二氧化碳排放的要求

（2）全生命周期评价

事实上，上述的二氧化碳的限值仅仅针对汽车使用环节，主要是通过汽车尾气排放来检测的。但是，汽车的生产和制造，特别是电池的制造中，会排放二氧化碳，电力或者汽油等能源的生产制造过程中也会排放二氧化碳。

因此需要从汽车全生命周期去评价汽车二氧化碳的排放，才能够更加的客观和全面。

汽车的全生命周期（Life Cycle Assessment，LCA），指的是一辆汽车从被开发生产，能源消耗，消费者使用，最后被报废回收，这一系列活动所持续的时间。

汽车全生命周期一般可以分为4个环节（图1.26）。

生产（Production）：该环节包含了所有零部件（如电池）原材料，采购和生产，以及汽车焊接、冲压、喷涂、组装等所有过程。

能量（Energy）：该环节包含了汽车能量生产和运输，包括石油开采、提炼、储存、运输到加油站，也包括电力的制造，从电网运输到充电桩，这一个环节也称为"从油井到油箱（Well to Tank）"。

使用（Use）：该环节包含了汽车的所有使用过程，这也是我们平时关注最多的地方。比如油耗、电耗、尾气排放都属于这一个类别，这一个环节也

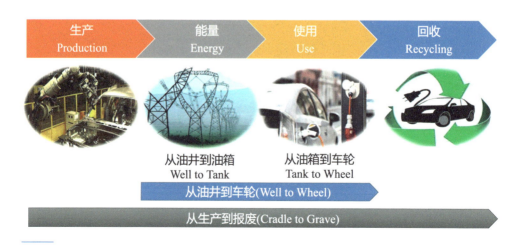

图1.26 汽车全生命周期

称为"从油箱到车轮（Tank to Wheel）"。能量和用途两个环节加起来，也称为"从油井到车轮（Well to Wheel）"。

回收（Recycling）：该环节包含了汽车报废、回收处理。

搜集和分析汽车在生产、能量、使用、回收四个环节二氧化碳的排放数据，能够真实反映一辆汽车的环保情况。

（3）车型不同，二氧化碳排放不同

不同类型的车，基于全生命周期评价二氧化碳排放结果不一样，这里举一个例子，数据来源奥迪汽车。

如图1.27所示，奥迪分别选用了相同级别的汽油车、柴油车、插电式混合动力汽车、纯电动汽车以及燃料电池汽车进行对比，以20万km的行驶里程为基础，计算出不同类型汽车在生产、能量、使用三个方面的二氧化碳排放结果。

可以看到，虽然纯电动汽车和燃料电池汽车使用过程中二氧化碳排放为零，但是其生产和能量环节都比传统汽油车或者柴油车二氧化碳排放更高。

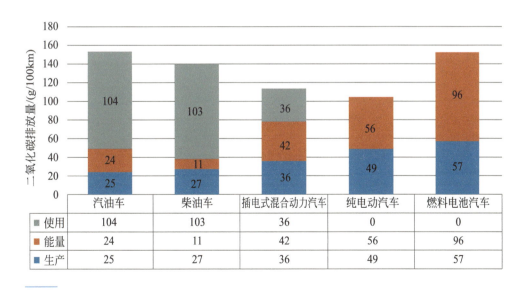

图1.27 不同类别汽车二氧化碳全生命周期排放

这主要是因为纯电动汽车在生产环节,其电池制造过程中会有二氧化碳排放,在能量环节,获取电力过程中,也会排放二氧化碳。

氢气来源无论是水解还是工业副产品,都要消耗能量,再加上氢气的运输和储存,会消耗额外的能量,排放大量的二氧化碳,因此在能量环节,燃料电池汽车的二氧化碳排放远高于燃油汽车。

不过从整体上来看,随着电池技术不断成熟,电力来源更加清洁,电动汽车(纯电动汽车)的全生命周期二氧化碳排放要普遍优于同级别的燃油汽车。

(4)国情不同,二氧化碳排放也不同

除了车型,更重要的是,由于每个国家的能源结构不同,电的清洁程度也不同,导致即使是同一辆车,在不同国家使用,其二氧化碳排放量也不尽相同。

举一个例子,图1.28为国际能源署统计的各个国家每生产1度(kW·h)电二氧化碳的排放量。

可以看到,二氧化碳排放量最低的国家是挪威,最高的是波兰,我国目前排名第四。在挪威,每生产1度电会排放约10g的二氧化碳。据统计,挪威

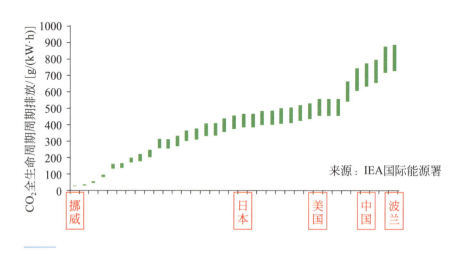

图1.28 不同国家每生产一度电的二氧化碳排放量

98%的电力生产来源于水力和风力,其电力十分清洁。

在我国,每生产1度电会排放约650g的二氧化碳,是挪威的65倍,因为目前我国50%的电力来源于烧煤,而烧煤相比于水力和风力发电会产生更多的二氧化碳排放。

我国的一次能源消费中,化石能源,尤其是煤炭占据主导地位。据了解,每完全燃烧1t标准煤,大约生成2.64t二氧化碳,产生约200~300kg灰渣、12~15kg二氧化硫、50~70kg粉尘以及16~20kg氮氧化物等。

国家发展改革委和国家能源局在2016年联合发布了《能源生产和消费革命战略(2016—2030)》,明确到2020年,我国能源消费总量控制在50亿吨标准煤以内,煤炭消费比重进一步降低,清洁能源成为能源增量主体,非化石能源占比15%,单位国内生产总值二氧化碳排放比2015年下降18%。

我们假设一辆汽车的生产、使用和回收环节都是一样的,同样的电动汽车,在挪威开比在我国开更环保。从另外一个角度说,仅仅在使用环节实现了零油耗、零排放的纯电动汽车,不一定是绝对的低碳环保。需要指出的是,随着我国越来越多地使用清洁能源,我国的电动汽车必将越来越环保。

从全生命周期去评价电动汽车的二氧化碳排放,能够更加系统、客观和全面地识别真正环保的电动汽车。我们不仅需要关注电动汽车使用环节,还需要在生产过程中低碳环保,在能源端发展清洁能源,加大对电动汽车的回收和利用,保证电动汽车与燃油汽车相比,在全生命周期碳排放等方面的持续进步和提升。

1.4.3 电动汽车的技术参数

(1) 动力性

与传统燃油汽车发动机类似，电动汽车的动力性由搭载的驱动电动机决定，主要的参数是功率和转矩。

功率是指物体在单位时间内所做的功的多少，是描述做功快慢的物理量，单位是kW；转矩是指使机械元件转动的力矩，也叫扭矩，表示转动力量的大小，单位是N·m。

驱动电动机和发动机的特性是有区别的，图1.29为典型的发动机和驱动电动机的外特性曲线。

可以看到，驱动电动机从零转速开始为恒转矩区，当转速提升至临界转速后，进入了恒功率区间。

与发动机不同，驱动电动机在转速很低时，也能提供很大的转矩，并且响应速度很快，可以瞬时从零达到最大转矩，这一特点使得电动汽车起步会比燃油汽车快很多。

驱动电动机的转矩越大，加速性越好，爬坡能力也越强。一般来说，电动汽车的百千米加速都会优于同级别的燃油汽车。

其次，从驱动电动机外特性曲线可以看到，驱动电动机的恒功率曲线很

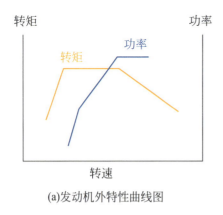

(a)发动机外特性曲线图

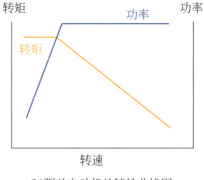

(b)驱动电动机外特性曲线图

图1.29 发动机和电动机的外特性曲线

长，功率越大转速也越大，而对应的汽车最高速度也越高。

也由于驱动电动机转速很高，一般电动汽车只需要搭配单级减速器，没有传统燃油汽车变速器的挡位切换，能够为汽车提供平顺的动力输出。因此，电动汽车的加速是持续的，不会产生燃油汽车的换挡顿挫感或是短时间的动力切断。

（2）操作稳定性和舒适性

电动汽车的操作稳定性与传统燃油汽车要求相同，在行驶过程中能抵抗各种外界干扰，并且遵循驾驶人给定行驶方向而保证稳定行驶。

从驾驶感觉上看，电动汽车的舒适性一般要优于燃油汽车。因为电动汽车没有发动机排气的轰鸣声，如果汽车做工和用料扎实，可以做到几乎无声。

（3）制动能量回收

电动汽车的制动性能与燃油汽车也是相同的，而且电动汽车可以实现制动能量回收（图1.30）。

对于传统燃油汽车，当制动减速时，汽车在驱动轴行驶的动能会通过车辆的制动盘与制动闸片间的摩擦，转变为热能散发到空气中，而被白白浪费掉。

而对于电动汽车，可以通过电动机反转成为发电机，将动能转化成电能返回到电池中；当汽车再次启动或加速时，再将这部分能量通过电动机转换成汽车行驶的动能，从而实现制动能量回收，大大降低了汽车的能量损耗和二氧化碳排放。

据研究，在行驶工况变化比较频繁的路段，电动汽车采用制动能量回收可增加约20%的续航里程。

图1.30 电动汽车制动能量回收

拓展

电动汽车的制动能量回收系统主要包括了电动机再生制动部分和传统液压摩擦制动部分（与传统燃油汽车一致），电动机再生制动的效果受电动机特性、电池能量高低、车速等条件限制，一般在紧急制动和高强度制动时，为了保证汽车制动安全，还会采用传统的液压摩擦制动作为辅助。

（4）充电时间

对于电动汽车，充电时间也是大家关注的。充电时间取决于电动汽车搭载的电池能量以及充电的功率。公式如下：

$$充电时间(h) = 能量(kW \cdot h) / 功率(kW)$$

目前充电分为交流慢充和直流快充，一般交流充电桩功率为3.5kW或7kW，而直流充电桩的功率一般从30kW到100kW，甚至350kW等，有多个功率等级。

例如：一个搭载20度电动力电池的电动汽车，如果采用交流充电，理论上从零充到满电时间约为6h，而采用100kW的直流充电，理论上只需要约12min。

需要指出的是，充电功率越大，充电电压越高，充电电流也越大，过大的充电电流会降低电池的循环寿命。

关于电池的充电，我们将会在之后动力电池章节详细介绍。

第 2 章

电动汽车关键技术

2.1 电动汽车和燃油汽车，区别不只是一块电池

无论电动汽车或者燃油汽车，都可以按照构造将其分解为造形，车身（内饰、外饰、整车空间），动力总成（发动机、变速器、电池、电动机），底盘（传动系统、制动系统、转向系统、悬架系统），电子电气系统（传感器、控制器、执行器）五个部分（图2.1），我们按照这五个部分全面比较电动汽车与燃油汽车的区别。

（1）造形：基本类似

汽车造形：即汽车的外形设计，通俗来说指的是汽车的外表，涉及车身结构、制造工艺、空气动力学、人机工程、声学以及艺术等知识。

无论是电动汽车还是燃油汽车，都遵循同样的设计准则，参照同样的车身结构和空气动力学等标准。由于目前大部分电动汽车是在燃油汽车的基础上进行改造的，也为了迎合消费者的传统审美，因此在外形上，电动汽车和燃油汽车相似。

但是电动汽车与燃油汽车相比有一些微小的差异，电动汽车会有特殊的标识，比如EV（Electric Vehicle，EV）或者Hybrid（混合动力）等，如图2.2所示。

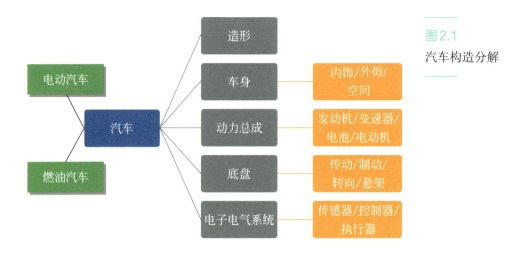

图2.1 汽车构造分解

图2.2
电动汽车特有的标识

（2）车身：存在些许区别

车身主要包含内饰和外饰两个方面，内外饰指的车身内部和外部的装饰。

对于外饰，无论是保险杠、车灯、挡风玻璃或者是拉手等部位，燃油车和电动车都是一样的。

外饰最大的区别在于进气格栅。燃油汽车的发动机舱前端有散热器，需要迎风面积，同时发动机也需要进气，因此在车头会有进气格栅，而电动汽车特别是纯电动汽车则不需要（图2.3）。

图2.3
汽车外饰简图

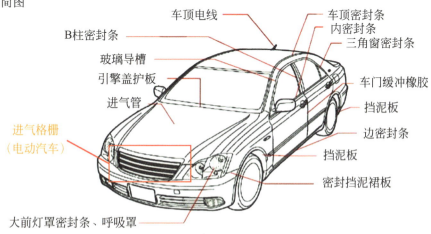

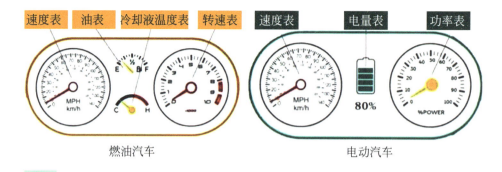

图2.4 燃油汽车和电动汽车仪表盘对比

需要指出的是，有些电动汽车把进气格栅在内部封了起来，在外形上看不出和燃油汽车的区别。同样的道理，电动汽车也不需要排气管，有些电动汽车保留排气管仅仅作为装饰使用。

对于内饰，电动汽车和燃油汽车最大的区别在于仪表板的指示，如图2.4所示。

对于燃油汽车，仪表盘一般会标注车速信息、油量信息以及发动机转速信息等，而电动汽车一般会标注电池电量信息以及电动机功率的信息等。

（3）动力总成和底盘：区别最大

电动汽车和燃油汽车最大的区别也是本质的区别在于动力系统，图2.5所示为燃油汽车和电动汽车动力系统。

传统燃油汽车的动力系统主要由车轮、变速器、发动机以及油箱组成。加油站供给汽油，至汽车油箱储存，汽油从油箱输送至发动机燃烧做功，产生的动力通过变速器传递给车轮，从而带动燃油汽车运动。

而对于电动汽车的动力系统，电池和电动机分别取代燃油汽车的油箱和发动机，这时候动力（电能）通过减速器传递至车轮。

由于动力系统的变化，也让电动汽车的底盘设计发生了变化。传动系统由原来的发动机和变速器较复杂的连接，转变为了电动机和减速器之间更加简单和集成化的连接，因此在空间上电动汽车可以更大。

而对于底盘上的悬架、制动、转向等机构，电动汽车没有太多的变化。

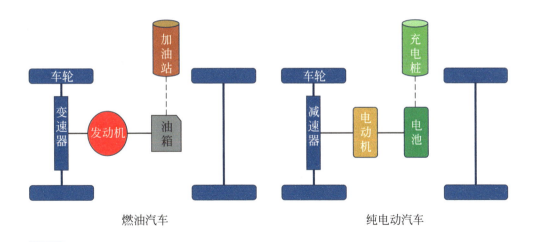

图2.5 燃油汽车和电动汽车动力系统

另外,电动汽车是靠充电桩充电的,燃油汽车是在加油站加油的。电动汽车目前受制于电池快充技术,使燃油汽车加油的便捷程度远远高于电动汽车。

(4)电子电气系统:电动汽车有特色

汽车的电子电气系统,一般主要指集成在汽车上的各种传感器(如基本的速度、温度、压力传感器等),控制器(如整车控制器、发动机控制器、电动机控制器等),执行器(如雨刮电动机、天窗电动机、继电器等),它们共同组成了电子电气系统。

电动汽车与燃油汽车的电子电气系统整体构架是类似的,但是电动汽车也有自己的特色。

传感器方面,电动汽车需要考虑充电接口,有电压传感器、电流传感器,需要漏电保护装置,需要有电压控制。

控制器方面,燃油汽车的发动机控制器和变速器控制器变为了电池的管理系统和电动机控制器。

特别地,针对电动汽车的电池管理系统(Battery Management System,BMS),需要对电池进行数据采集和监控,需要对电池进行安全管理,防止

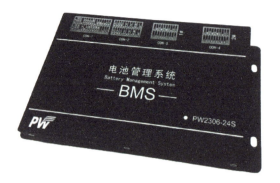

图2.6
某电动汽车电池管理系统样品

电池发生过度充放电等异常情况，同时也需要将电池电压、电流以及电耗等信息提供给整车（图2.6）。

执行器方面，电动汽车和燃油汽车大部分是一样的，如雨刮电动机、天窗电动机、油泵等。对于电动汽车，由于是高压系统，因此会有更多的继电器以及变换器集成在整车中，用于电路转换和安全保护等。

总结起来，比较燃油汽车和电动汽车，本质区别在于动力总成和底盘，车身存在些许区别，造形基本类似，电动汽车电子电气系统有特色。

2.2 电动汽车关键技术——"三电"系统

电动汽车技术的核心在于"三电"系统，即电驱系统、电池系统和电控系统（图2.7），这三个系统构成了电动汽车的关键技术。

2.2.1 电驱系统

电驱系统，也叫电驱动系统，一般由电机、传动机构和变换器组成。

（1）电机

电机（Electrical Machine），有两种类型，一种是把电能转换为机械能的

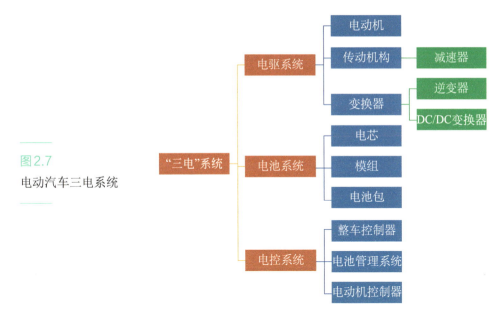

图2.7 电动汽车三电系统

装置，称为电动机（Motor），另一种类型是把机械能转换为电能的装置，称为发电机（Generator）。

无论是电动机还是发电机，两者都在汽车上有广泛应用。在电驱动系统中，电机一般都是指电动机，也叫驱动电动机，主要作用是把储存到动力电池的电能转换为机械能，为电动汽车提供前进的动力。

电动机主要由定子和转子两部分组成，分为直流电动机和交流电动机两种大的类型。

对电动汽车来说，驱动电动机需要满足宽调速范围、快速响应、轻量化、高效率、能量回收、高可靠性、安全性、成本可持续降低等要求。目前电动汽车常用的电动机都是交流电动机，其中三相感应异步电动机（图2.8）和永磁同步电动机是用得最多的两种。

图2.8 特斯拉Model S所用的三相感应异步电动机

(2) 传动机构

传动机构指的是将电动机输出的转矩和转速传递到汽车的主轴上，从而驱动汽车行驶的机构，主要包含减速器和差速器的两个部件。

差速器的主要作用是汽车转弯时使得两侧车轮转速不同，无论是电动汽车，还是燃油汽车，部件都是一样的。

减速器一般由高速轴承和不同齿数的齿轮组成，通过输入轴上齿数少的小齿轮，啮合到输出轴上齿数多的大齿轮，达到减速和增大转矩的目的。大小齿轮的齿数之比，就是传动比。实际上，作为动力传递机构，减速器早已广泛应用在各种机械的传统系统中。

电动汽车的减速器可以看成燃油汽车的变速器，由于电动机本身具有足够宽度的调速性能，因而减速器一般都是固定传动比的单级减速器，也就是只有一个挡位的变速器。图2.9所示为某电动汽车减速器的内部构造，可以看到是一个相对简单的机构。

(3) 变换器

变换器（Convertor/Converter）指的是使电气系统的一个或多个特性（电压、电流、波形、相数、频率）发生变化的装置。对电动汽车来说，主要包含逆变器（Inverter）和DC/DC变换器两个器件。

图2.9
某电动汽车减速器内部构造

图2.10 某电动汽车逆变器系统内部结构

其中,逆变器的主要作用是将电池的直流电转换为交流电输出以驱动电动机,将电能转变成机械能驱动电动汽车行驶。逆变器直接关系到驱动电动机运行的可靠性和高效性(图2.10)。

逆变器的核心器件是IGBT模块。DC/DC变换器可以将直流电源电压转换成任意直流电压,主要用于直流高低压转换,例如把动力电池的高压电(大于400V)转换为低压电,为多媒体系统、空调等设备(12V)供电。

2.2.2 电池系统

为了区分12V低压铅酸蓄电池,一般把高压电池称为动力电池。动力电池系统是"三电"系统的核心,也是"三电"中成本最高、最复杂的一个系统。

相比于传统12V的铅酸电池,锂离子电池具有能量密度高、能实现快速和深度充放电、寿命长等优点,因此目前动力电池均是锂离子电池。根据正极材料的不同,电动汽车用锂离子电池一般采用三元锂电池和磷酸铁锂两种。

动力电池一般由大大小小的电芯(Cell)组成,电芯因封装形式不同有圆柱、软包、方形三种。

电芯以串联或者并联的方式组成模组(Module),模组再以串联的方式集成热管理系统、电池管理系统等部件,最终集成为电池包(Pack),如图2.11所示。

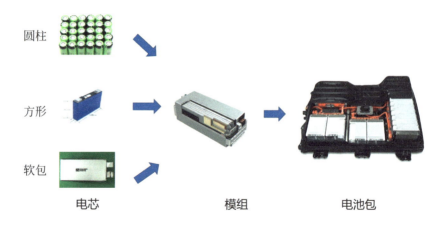

图2.11 电池包的组成

2.2.3 电控系统

电控系统是电动汽车的总控制台,如同"电动汽车的大脑",它的发挥决定了电动汽车的能耗、排放、动力性、操控性、舒适性等。

一般来说,电动汽车的电控系统主要包含三个共性子系统:整车控制器(Vehicle Control Unit,VCU),电动机控制器(Motor Control Unit,MCU)和电池管理系统(Battery Management System,BMS)。这些控制器之间都是通过CAN网络等实现相互通信的。

整车控制器(Vehicle Control Unit,VCU),是电动汽车各个电控子系统的调控中枢,它协调和管理整个电动汽车的运行状态。它是与驾驶员互动的主要接口,它接收来自驾驶员的各项操作指令,诊断和分析整车及部件状态,控制子系统控制器的动作,最终实现整车安全、高效行驶,图2.12所示为整车控制器构架示例。

电动机控制器(Motor Control Unit,MCU),是电动汽车特有的核心功率电子单元,通过接收整车控制器的行驶控制指令,控制电动机输出指定的转矩和转速,驱动车辆行驶。

电池管理系统(Battery Management System,BMS),是动力电池系统的"大脑",主要对电池系统的电压、电流、温度等数据进行采集并监测,实现电池状态的监测和分析、电池安全保护、能量控制管理和信息管理功能。

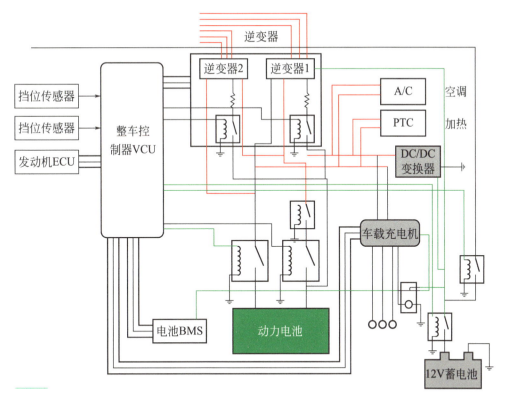

图2.12 整车控制器构架示例

2.3
电动汽车怎么跑起来——"电驱"技术

电驱即驱动电动汽车行驶的系统,包含了电动机、减速器和变换器。

2.3.1 电动机的分类和工作原理

(1)电动机的分类

电机,按照工作方式可以分为电动机和发电机,把电能转换为机械能的装置，称为电动机（Motor），而把机械能转换为电能的装置，称为发电机（Generator）。在电动汽车电驱动系统中，电机一般都是指电动机，也叫驱动电动机。

电动机一般由定子和转子构成，按照工作电流分为直流电动机和交流电动机两种类型。

① **直流电动机** 直流电动机是把直流电流引入转子中，使转子在定子磁场中受力而产生旋转，如图2.13（a）所示。

② **交流电动机** 交流电动机是把交流电通入定子绕组，从而在定子和转子的间隙中产生旋转的磁场，旋转磁场在转子绕组中产生感应电流，进而使转子在磁场中受力产生旋转，如图2.13（b）所示。

直流电动机和交流电动机的优缺点见表2.1。

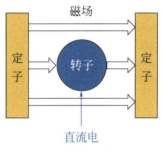

(a)直流电动机

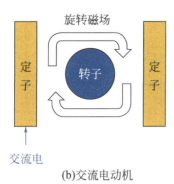

(b)交流电动机

图2.13

直流电动机和交流电动机的工作原理

表2.1 直流电动机和交流电动机优缺点比较

比较	直流电动机	交流电动机
优点	● 具有较宽的调速范围，能实现平滑调速 ● 较大的启动转矩（启动性好），能适应频繁启动的场合 ● 较宽的恒功率范围（较好的低速启动性能和高速行驶能力） ● 制造技术和控制技术都比较成熟	● 结构简单 ● 维护容易 ● 制造成本低
缺点	● 效率低 ● 质量和体积大，功率密度低 ● 机械结构复杂，存在电刷和机械换向器 ● 在运行中电刷与换向器之间会产生火花，运行可靠性差 ● 维护麻烦，维修成本高	● 调速复杂 ● 需要借助变频设备

针对直流电动机，定子绕组和转子绕组串联的直流电动机称为串励直流电动机，定子绕组和转子绕组并联的直流电动机称为并励直流电动机。

针对交流电动机，按照转子速度与定转子间隙的旋转磁场是否一致，可以分为交流同步电动机和交流异步电动机。

① **交流同步电动机**　转子的速度与旋转磁场相同的电动机，称为交流同步电动机，交流同步电动机根据励磁（产生磁场）方式不同，可以分为永磁同步电动机和电励同步电动机。

a.转子采用永磁材料，不需要外部励磁电源的同步电动机称为永磁同步电动机。

b.转子上的励磁绕组需要接外部励磁电源的同步电动机，称为电励同步电动机。

② **交流异步电动机**　转子的速度低于或高于旋转磁场的电动机，则称为交流异步电动机，交流异步电动机按照定子接入交流电源的相数，可以分为三相异步电动机和单相异步电动机。

a.三相异步电动机即定子接入380V的对称三相电源的电动机。

b.单相异步电动机即使用单相交流电源的异步电动机。

电动机的分类见图2.14。

图2.14
电动机的分类

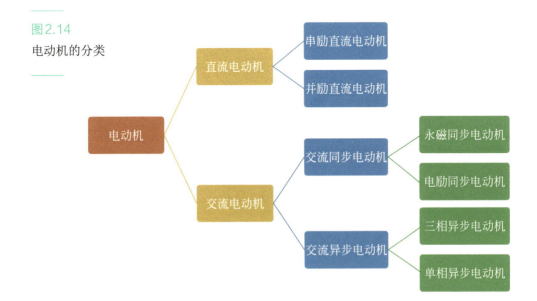

（2）电动机的工作原理

① 直流电动机工作原理　直流电动机主要由定子和转子两部分组成，定子由机壳和电磁铁组成，转子镶嵌线圈，当通直流电时，定子产生固定极性的磁场，转子在磁场中受力旋转。

如图2.15所示，直流电源从电源正极经左边电刷（石墨与铜粉）以及换向器（铜片）流进线圈，从线圈右边流出，经过右边的换向器流回电源负极，形成闭合的回路。

通电线圈处于磁场中，受到电磁力作用，由于左右线圈电流方向不同，左边向里流，右边向外流，形成大小相同方向不同的电磁力，刚好形成电磁转矩，驱动线圈，从而带动转子转动。

换向器的作用主要是为了保证磁场中左右线圈电流方向保持一致，所受电磁力方向不变，从而保证电动机循环转动。

需要指出的是，可以用电子电路去取代电刷和换向器，从而得到无刷直流电动机。

一般电动机中都会有多个线圈和多个磁极来保证线圈受力均匀和稳定。

② 交流电动机工作原理　交流电动机的结构与直流电动机类似，也是由定子和转子组成，原理比直流电动机稍微复杂一些，我们先从交流异步电动机入手。

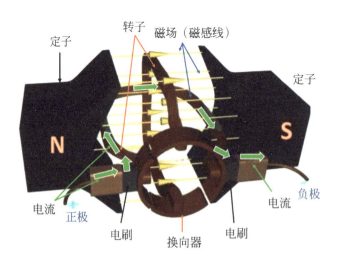

图2.15
直流电动机工作原理

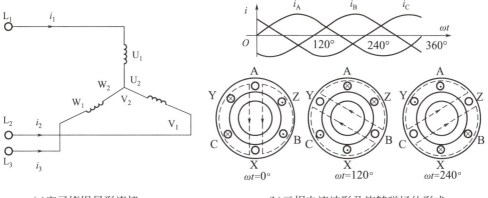

(a) 定子绕组星形连接　　　　(b) 三相电流波形及旋转磁场的形成

图2.16　交流电动机的工作原理

在对称的三相绕组中通入对称的三相交流电会产生旋转磁场，如图2.16（a）所示为三相异步电动机的定子绕组，线圈在空间上间隔120°，作星形连接，把定子绕组的三个首端U_1、V_1、W_1同三相电源接通，绕组中便有对称的三相电流i_1、i_2、i_3流过，波形如图2.16（b）所示，当定子绕组中电流变化一个周期时，合成的磁场也按电流方向在空间旋转一周，形成旋转磁场。

旋转磁场在定、转子之间的间隙里旋转，与转子间产生相对运动，转子导体受旋转磁场磁感线切割，根据电磁感应定律，转子导体会产生感应电动势。

由于转子绕组自行闭合，构成回路，因此会产生感应电流，有了电流，载流的导体就会受电磁力作用，电磁力对转轴形成电磁转矩，电磁转矩方向与旋转磁场的旋转方向一致，转子就会顺着旋转磁场的方向旋转起来，改变旋转磁场的旋转方向，也改变了电动机的转向，这就是交流异步电动机的工作原理。

由于转子的电动势和电流是由于旋转磁场感应出来的，所以又把交流异步电动机叫作交流感应电动机。

这里的"异步",指的是转子绕组中的感应电流是先由定子旋转磁场产生的,转子需要"跟随"定子旋转磁场而转动。

如果转子绕组中的电流不是由定子旋转磁场感应的,而是由转子自身产生的,则转子转动与定子旋转磁场无关,那么转子与定子旋转磁场就可以实现"同步"旋转,这就是交流同步电动机的工作原理。

转子自身产生磁场有两种方式:一是将转子绕组通上外接电源,然后由外接的励磁电流在转子上产生磁场,使转子与定子磁场同步旋转,这就是电励同步电动机;二是在转子上嵌上永久磁体,不需要外接励磁电源而直接产生转子磁场,这就是永磁同步电动机。

2.3.2　电动汽车常用电动机

(1) 电动汽车电动机要求

对于电动汽车来说,电动机是电能与动能相互转换的媒介,需要满足以下要求。

① **宽调速范围及快速响应**　在低速时能迅速输出大转矩,以满足电动汽车快速起步、负载爬坡等需求;在高速时输出恒定功率,有较大的调速范围,以满足电动汽车加速超车等需求。

② **轻量化**　满足车辆布置、安装空间以及重量限制的要求。

③ **高效率**　尽可能地降低能耗,提高续航里程。

④ **能量回收**　制动或减速时,将动能转化成电能储存在电池中。

⑤ **高可靠性与安全性**　满足机械、抗振等整车安全性的标准,保证乘客安全。

⑥ **成本可持续降低**。

⑦ **环境适应**　适应汽车行驶的不同环境,在恶劣的环境中能够正常工作,能耐高温、耐潮湿。

另外驱动电动机还要求结构简单、适合大批量生产、运行时噪声低、使用维修方便。

基于以上要求,目前电动汽车常用的电动机都是交流电动机,其中永磁同步电动机和三相异步电动机是用得最多的两种。

(2)永磁同步电动机

永磁同步电动机,英文名称为Permanent Magnet Synchronous Motor,英文简称为"PMSM"。

所谓永磁,指的是在电动机转子上安装永磁体(图2.17),永磁体多数由钕铁硼等稀土材料制作,转子上的永磁体能够产生的磁场,从而驱动转子旋转。

图2.17 永磁同步电动机的主要构造

所谓同步,指的是转子的转速与定子绕组产生的旋转磁场始终保持一致,通过控制定子绕组输入的电流频率,就能控制电动机转子的转速,从而控制电动汽车的车速。

由于我国稀土资源比较丰富,在电动汽车上采用永磁同步电动机具有先天优势,目前我国电动汽车主要应用永磁同步电动机。

(3)三相异步电动机

三相异步电动机,英文名称为"Three Phase Asynchronous Motor"。

与永磁同步电动机相比,三相异步电动机的定子接入了380V的对称三相电源,其转子的转速总是小于定子产生的旋转磁场,这也是"异步"的来源。

异步感应电动机的转子上没有永磁体,结构简单、制造方便、可靠性好。

目前采用三相异步电动机较多的电动汽车车企是特斯拉(图2.18)。一方面,特斯拉较大的车体能够有足够空间布置相对大一点的交流异步电动机;另一方面,由于永磁材料成本占到永磁同步电动机材料成本约50%以上,对于稀土资源缺少的国家的车企,控制成本、降低上游原材料短缺的风险,也是其考量因素。

图2.18

特斯拉的三相异步电动机

(4)两者比较

无论是永磁同步电动机还是三相异步电动机,在性能、结构、成本等方面都各具优缺点,表2.2比较了它们主要的区别。

表2.2 永磁同步电动机与三相异步电动机比较

	永磁同步电动机	三相异步电动机
优点	●效率高 ●输出功率和转矩高 ●质量轻、体积小 ●极限转速和制动性能优异 ●调速性能好,精度高 ●具有良好的瞬时特性,响应速度快	●成本低 ●结构简单 ●控制技术成熟 ●运行可靠、维护方便 ●噪声低
缺点	●结构复杂 ●控制复杂 ●成本高 ●永磁材料在受振动、高温、过载时,导磁性能可能会下降,或退磁 ●稀土材料制造成本不稳定	●尺寸大 ●重量重 ●转子不易散热 ●调速性能差,调速范围窄

2.3.3 减速器的构造和工作原理

驱动电动机与车轮之间需要一个减速器,减速器的作用是什么?它与燃油汽车的变速器又有什么区别呢?

(1)减速器的构造以及工作原理

减速器可以看成是一个固定传动比的简单变速器,可以简化为一个固定齿比的齿轮机构,主要作用是用来降低转速和增大转矩。

如图2.19所示为减速器的基本构造,主要由输入轴(连接驱动电动机)、输入轴齿轮、输出轴(连接车轮)和输出轴齿轮组成。

输入轴与驱动电动机相连接,假设转速为n_1,输入轴齿轮齿数为Z_1;输出轴与电动汽车车轮相连接,假设转速为n_2,输出轴齿轮齿数为Z_2:

那么,传动比$I = n_1/n_2 = Z_2/Z_1$

由此可以得到,输出轴转速$n_2 = n_1 \times Z_1/Z_2$,在输入轴驱动电动机转速一定的情况下,输出轴的转速与齿比(传动比)有关。

一般来说,电动汽车减速器的齿比在7~10之间,例如特斯拉配备了一个固定齿比为9.73的减速器,日产聆风的减速器齿比为8.19。

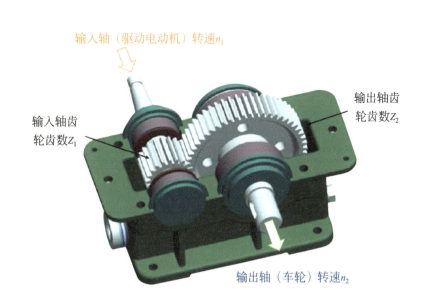

图2.19 电动汽车减速器的基本构造

由于驱动电动机的输出功率是一定的，输出轴的转速与转矩成反比，输出轴转速降低，那么转矩就会增大，这也是减速器的工作原理。

需要指出的是，有少数电动汽车采用了两级减速器，即有两个传动比，一级满足电动汽车最大爬坡要求，二级满足电动汽车最高车速要求，但目前主流电动汽车大多采用单级减速器。

（2）燃油汽车变速器与电动汽车减速器比较

图2.20为燃油汽车发动机与电动汽车驱动电动机外特性曲线。外特性曲线也称为动力曲线，是动力系统全负荷运转时（油门或电门踩到底）功率和转矩随转速变化而变化的特性曲线，是用来衡量汽车动力性很重要的一个指标。

与发动机特性不同，驱动电动机在转速很低时，就能够提供很大的转矩，在起步后可以迅速输出最大转矩，功率会随着电动机转速的提升而上升至最大输出功率。当电动机转速提升至临界转速后，转矩会逐渐降低，功率会保持不变，处于恒功率输出状态，一直到电动机的最高转速。

电动机这样的特性刚好满足由于汽车在低速时需要大转矩，在高速时需要恒定功率的动力需求。

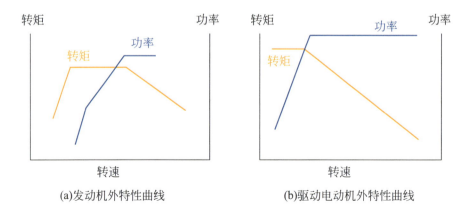

图2.20　发动机和电动机的外特性曲线对比

而传统的燃油发动机，在转速很低时转矩很小，在转速很高时转矩很低，变速器的主要作用就是为了满足燃油汽车起步和高速行驶的动力需求。

进一步说，电动机的最高转速一般比发动机要大得多，如特斯拉Model S的最大转速为16000r/min，日产聆风最大转速为10390r/min，而燃油汽车发动机转速最高在6000r/min左右。如果只有单级速比情况下，燃油汽车能够达到的最高车速远远低于电动汽车。

再次，从发动机外特性曲线可以看到，与驱动电动机不同，发动机能够输出的最大功率区间很窄，因此需要通过多级变速器改变传动比，使得不管车速多少，使发动机转速接近于输出最大功率的转速，从而尽可能输出更多动力。

采用单级减速器，结构简单、传动效率高、损失小、且噪声低、成本低，能够满足汽车行驶要求。因此电动汽车在电动机与车轮之间无须像传统燃油车配备多挡的变速器，只需增加一个单级减速器即可。

2.3.4　变换器及其核心——"IGBT"

电动汽车动力电池电压高达百伏，而车载电子设备大多都在12V左右，两者之间如何进行电压转换？另外，驱动电动机大多采用交流电，而其电能来源是储存在动力电池里面的直流电，交流电和直流又是怎么变换的？能实现这一切动力转换的核心元器件又是什么？

变换器（Convertor/Converter），广泛应用于电动汽车中，作用是使电气系统的电压、电流、波形、相数、频率等特性产生变化，主要包含DC/DC变换器和逆变器两个器件。

（1）DC/DC变换器

DC（Direct Current）/DC（Direct Current）变换器，即直流/直流变换器，指的是将某一直流电源电压转换成任意直流电压的装置，主要包含直流/直流降压变换器（Buck DC/DC）和直流/直流升压变换器（Boost DC/DC）两种。

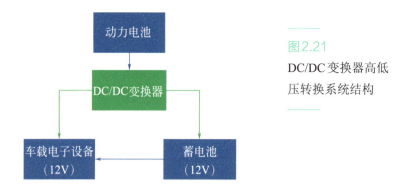

图2.21 DC/DC变换器高低压转换系统结构

具体来说，DC/DC变换器在电动汽车上主要有三种应用场景。

① **高低压转换** 如图2.21所示，DC/DC变换器将动力电池的高压电（一般大于100V）转换为低压电（一般为12V），为蓄电池以及车载电子设备（组合仪表、雨刮、音响、喇叭、车灯等）供电。

② **12V电压稳压器** 由于车内的低压电器设备较多，在不同的工况下的低压功率需求差异很大，采用DC/DC变换器进行稳压，以防止电压波动对元器件造成影响。例如，在汽车启动时，12V的蓄电池可能会瞬间跌落到6V，这时候需要使用DC/DC变换器进行稳压，以免对其他部件造成干扰。另外，电动汽车中控制动力分配以及驱动的核心单元，常使用DC/DC变换器来稳压，以提供整车系统的稳定可靠性。

③ **高压升压器（BOOST DC/DC）** 如图2.22所示，使用DC/DC高压升压器一方面能够将动力电池的电压提升，将逆变器直流侧的输入电压稳定在一个相对较高的电压值，能够提高驱动电动机的效率，减少系统损耗；另一方面，通过控制驱动电动机反向的制动电流，DC/DC变换器可以将动能反向回馈到动力电池中，实现制动能量回收。

（2）逆变器

逆变器，英文名称为Inverter，包含交流AC（Alternative Current）转直流DC（Direct Current）和直流DC（Direct Current）转交流AC（Alternative Current）两种情形，即实现交流电和直流电转换的装置，其广泛应用于电动汽车中。

具体来说,逆变器在电动汽车上主要有以下应用场景:

① **直流DC转交流AC**

a.将动力电池的直流电转变为驱动电动机的交流电,以驱动电动机旋转给电动汽车提供动能;在制动能量回收时,驱动电动机反向旋转,将交流转换为直流,将动能回馈到动力电池中,这时候的逆变器一般称为主逆变器(图2.22)。

b.将动力电池的直流电转换为空调压缩机所需要的交流电,以驱动空调压缩机旋转,压缩制冷剂实现空调制冷,这时候的逆变器称为压缩机逆变器(图2.23)。

② **交流AC转直流DC**　交流AC转直流DC主要适用于电动汽车的充电情形,即将来自电网的单相交流电或者三相交流电转换为直流电压,给动力电池充电(图2.24)。

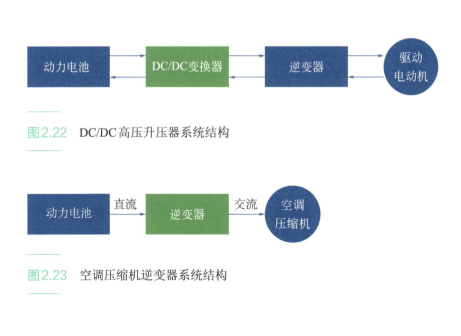

图2.22　DC/DC高压升压器系统结构

图2.23　空调压缩机逆变器系统结构

图2.24　电动汽车充电逆变器系统结构

（3）变换器的核心——IGBT

IGBT，英文全称为Insulated Gate Bipolar Transistor，即绝缘栅双极型晶体管，如图2.25所示，图2.25（a）为IGBT晶圆，图2.25（b）为IGBT等效电路。

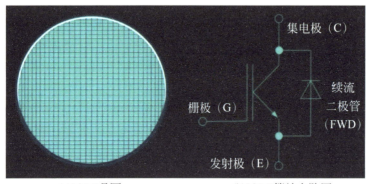

图2.25 IGBT晶圆与等效电路

(a)IGBT晶圆　　(b)IGBT等效电路图

晶圆指的是半导体集成电路制作所用的硅晶片，它是制造半导体芯片的基本材料，主要原料是硅，由于其形状为圆形，故称为晶圆，也称为硅晶圆。

晶圆的制作一般分为硅提炼及提纯、硅生长、晶圆成型三个步骤。经过提纯后的硅纯度一般高达99.999999999%，硅生长指的是将融化后的硅按照一定方向拉成圆柱状晶棒的过程，将晶棒按照适当的尺寸进行切割，然后进行研磨，再用抛光工艺使其至少一面光滑如镜，就制成了晶圆。

将IGBT晶圆进行切割后，得到的最小全功能单元称为IGBT管芯，将管芯进行组合装配和封装，便能够得到模块。

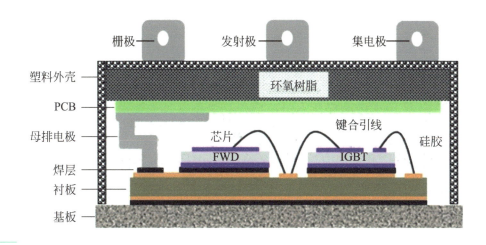

图2.26 IGBT模块的系统结构

通常所说的IGBT都是指IGBT模块,一般是由多个IGBT管芯与FWD(续流二极管芯片)通过特定的电路桥接封装而成的模块化半导体产品,如图2.26所示。IGBT模块主要由母排电极、键合引线、芯片、焊层、衬板和基板等部分组成,各个部分之间的连接构成了IGBT模块的封装。

IGBT作为一个执行单元,依靠软件控制实现信号流在二进制0和1之间转换,1代表开,即电路导通;0代表关,即电路断开。因此可以把IGBT简单看成控制大电流的开关,可以实现每秒几万次的开关变换频率。

IGBT是能量转换与传输的核心器件,被称为电力电子装置的"CPU(Central Processing Unit)",无论是电动汽车的DC/DC变换器,还是逆变器,抑或者是轨道交通、智能电网、航空航天等领域,IGBT都扮演着极其重要的角色(表2.3)。

表2.3 IGBT在各主要领域的应用情况

应用领域	IGBT模块数量
电动汽车	12～16个
电力机车	约500个
动车组	约100个
一节地铁	50～80个

特别地，对于电动汽车，IGBT约占电驱动系统成本的一半，而电动机驱动系统占整车成本的15%～20%，也就是说IGBT占整车成本的7%～10%，是除电池之外成本第二高的元件。

IGBT所使用的高压大电流的芯片技术含量非常高，是半导体产业上的"明珠"。目前走在行业前列的主要有英飞凌、ABB、三菱等国外厂商，其中英飞凌几乎包揽了所有电动汽车领域的IGBT市场。

从20世纪80年代开始，IGBT目前已经发展到第7.5代，第7代由三菱电机在2012年推出，同时IGBT的下一代碳化硅SiC技术已经在日本全面普及，自第6代以后，IGBT自身的潜力已经挖掘的差不多了，目前主要精力在IGBT的封装上和散热上。

我国作为全球最大的IGBT应用市场，目前技术大致停留在第3代水平，与日本等发达国家比差距达20年以上，特别是在IGBT产业化方面尚处于起步阶段，IGBT模块主要依赖进口。

因为IGBT的重要性，丰田是全球唯一能够自产IGBT（自己生产晶圆再封装）的汽车厂家。近年来，在国家政策的引导下，国内企业通过各种途径在IGBT芯片、模块等领域已经取得了很多可喜的进展，如中国中车2014年在国内设立的IGBT产线，比亚迪也正在加速打造IGBT国产化的产业链（芯片设计、晶圆制造、测试、封装等），并已经能实现商业化应用。

2.3.5 电驱技术的未来发展

（1）市场竞争愈发激烈

总体上讲，围绕着电动汽车电驱技术开发竞争日益激烈。目前还没有掌握绝对主导权的电驱动零部件集成商出现，因此目前市场上整个产业链的参与者，都加大了各个级别产品开发的力度，并且不断有新的玩家出现。

除了传统的德国汽车零部件巨头博世公司和大陆公司在逆变器、电动机以及减速器上都有产品布局，无论是上游的元器件厂商，还是中游的电动机制造商或是减速器制造商，它们均想拓展自己的领域，开发整个电驱系统。

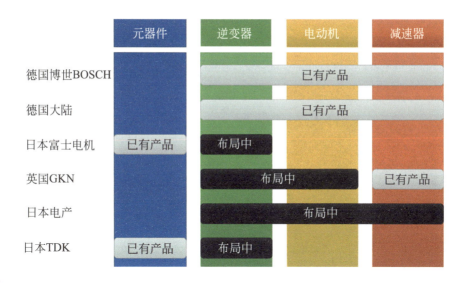

图2.27 全球主要电驱动制造商布局

如图2.27所示,生产变换器所需要功率器件的日本富士电动机,开始布局逆变器产品;英国生产减速器的公司GKN,开始布局逆变器和电动机;从未涉足过电驱动领域的日本电产,之前主要生产用于汽车制动器的EPS电动机,现在则开始开发电动机,未来还计划自产逆变器和减速器,进行一体化销售;负责生产电动机用的磁石的制造商TDK,也计划开发和生产逆变器。

(2)小型化、一体化、轻量化

围绕着电驱系统主要竞争的点在于高效化、小型化、轻量化以及降低成本。电驱的制造商们都不是仅仅依靠电动机、逆变器或减速器的单个零件,而是试图通过开发和优化整个电驱动系统来实现目标。

因此,将电动机、逆变器、减速器三个部件一体化,实现"三合一",已经是大势所趋(图2.28)。

电动机与逆变器集成一体,连接电动机与逆变器的线束就可以缩短,由此减小了尺寸和重量,还降低了线束产生的损耗。电动机与减速器一体,减速器齿轮润滑油可以和电动机冷却油共用,可以精简冷却机构,实现小型化合并降低成本,提高了整个驱动系统的效率。

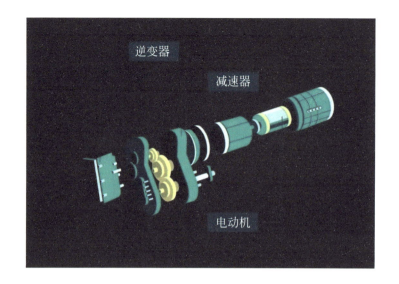

图2.28
逆变器、减速器、电动机三合一设计

进一步来说,将电动机、减速器、逆变器集成在一起,尺寸还是太大,即使将逆变器安装在车体侧,逆变器的数量还是会随着电动机数量的增加而增加,因此需要逆变器尺寸能进一步减小。

作为逆变器小型化的关键就是采用碳化硅(SiC)功率器件,与现有车载逆变器中使用的硅功率器件相比,其功率损耗可以降低到一半以下。损耗减小,即发热量减少,由此可以减小逆变器尺寸。

图2.29总结了电动汽车电驱系统技术的发展方向,以及预计的技术成熟时间节点。

a.针对电动机,定子绕组会从目前的圆铜线(横断面空隙多,空间利用差)而逐步采用扁平铜包线。采用扁平铜包线(扁线)绕组,电动机结构更加简单,在相同尺寸下可通过更大电流,重量更轻。同时电动机会采用更加高效的硅钢铁芯和油冷技术,以降低铁损,提高冷却效率。

b.针对变换器,会逐步采用基于碳化硅的IGBT模块以及双面水冷技术,进一步改善散热效果,提高变换器的输出功率。

c.针对减速器,会逐步采用更高转速的高速齿轮,未来也可能会采用多级减速器,以降低变速器的尺寸。

d.在以上所述各个子部件性能提升的基础上,系统也会朝着更加集成、更加高效的方向发展。

图2.29　电驱系统未来技术发展方向

2.4
电动汽车的大脑——"电控"技术

储存在动力电池的电能通过变换器,供给到电动机,驱动电动机运转,电动机的机械能再通过减速器传递至车轮,驱动电动汽车运动。同时,车上还有众多的用电设备需要能量,这些能量的流动如何进行优化和管理,需要电动汽车的电控技术。

电控系统如同电动汽车的"大脑",是电动汽车的总控制台,它的发挥决定了电动汽车的综合性能,如果说电动机和电池技术决定了电动汽车的硬件价值,那么电控技术则直接决定了汽车的软件实力。

一般来说,电动汽车的电控系统主要包含三个共性子系统:整车控制器

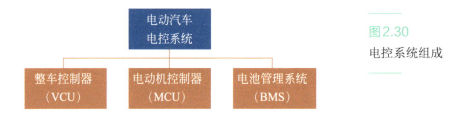

图2.30 电控系统组成

（Vehicle Control Unit，VCU）、电动机控制器（Motor Control Unit，MCU）和电池管理系统（Battery Management System，BMS），如图2.30所示，这些控制器之间通过CAN网络等实现相互通信。

2.4.1 大脑中的大脑——整车控制器的基本原理

整车控制器，英文全称为Vehicle Control Unit，是电动汽车各个电控子系统的调控中枢，可以称为电动汽车的"大脑中的大脑"，它协调和管理整个电动汽车的运行状态。

（1）主要功能

整车控制器主要实现以下几个功能：

① **驱动系统控制**　根据驾驶员加速踏板的位置、挡位、制动踏板力等操作意图，计算出电动机所需转矩等参数，协调各动力部件运动，保证电动汽车的正常行驶。

② **整车能量管理和优化**　根据实际工况，对整车进行管理，监控电动汽车充电以及制动能量的回收，控制车上其他用电设备，实现能量高效分配，提高整车经济性，延长整车使用寿命。

③ **整车通信和网络管理**　电动汽车上除了整车控制器，还有电动机控制器、电池管理系统等各个子控制系统，这些控制器之间需要通信，整车控制器通过CAN通信网络将各个子控制系统连接在一起，协调管理整个通信网络。

④ **故障处理与诊断**　实时监控各设备运行状态，对出现的异常情况进行

诊断、提示和主动修复，保证电动汽车安全运行。

⑤ **汽车状态显示**　对汽车的状态信息进行采集和处理，将重要的状态和故障信息发送给仪表进行显示，如车速、电动机转速、电池剩余电量、电动机或者电池故障信息等。

（2）组成

整车控制器主要由硬件和软件组成，硬件分为壳体和硬件电路，软件分为应用软件和底层软件，如图2.31所示。

壳体主要用于硬件电路的保护以及密封，要满足防水、防尘等清洁度要求，也要满足避免跌落、振动等机械要求。

硬件电路主要由主控芯片（32位处理芯片）及其周边的时钟电路、复位电路、电源模块组成，一般还配备数字信号/模拟信号处理电路，频率信号处理电路和通信接口电路等。

应用软件和底层软件一般由C语言编写。应用软件主要是上层控制策略，主要负责根据车辆状态和驾驶员意图实时控制能量流向和分配比例。底层软件主要负责单片机初始化设置、CAN总线信号的实时收发和输入、输出信号的实时处理与诊断。

整车控制器的软件控制策略必须依靠硬件来实现，但硬件一旦设计成型后，不易于修改，软件程序可以上万次地输入单片机，有利于系统的升级。

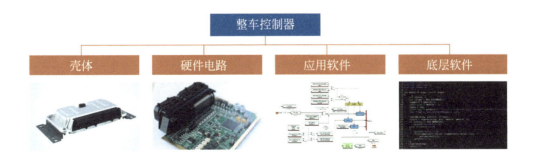

图2.31　整车控制器组成

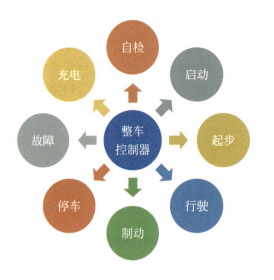

图2.32 整车控制器的工作模式

(3)整车控制器的具体工作模式

如图2.32所示,根据整车的不同工况,电动汽车可以划分为以下几种工作模式,整车控制器在其中都发挥着不可或缺的作用。

① **自检模式** 当钥匙门信号处于ON挡,启动自检模式,整车控制器上电进行自检,如果自检通过则等待启动模式,如果自检失败则进入故障模式。

② **启动模式** 当驾驶员使用钥匙,钥匙门信号处于START挡,同时自检模式通过,整车控制器会唤醒整车CAN通信网络上其他节点(电动机、变换器、空调系统等)开始工作,进行高压上电,当所有设备都正常启动后,整车系统进入READY状态,仪表上显示READY灯亮,指示驾驶员可以进行正常驾驶操作,完成启动模式。

③ **起步模式** 当驾驶员不踩加速踏板起步时,整车控制器会协调电动机转矩达到起步目标值,车速逐渐上升,并控制在合理的速度范围内,实现平稳起步。

④ **行驶模式** 在汽车行驶过程中,整车控制器实时采集驾驶员加速踏板位置以及开度变化率等信息,并根据当前车辆的行驶状态(车速、电池电流、电压、温度等),实时控制电动机的转矩和动力电池的输出功率,从而按驾驶员意图控制汽车的运行,实现前进、后退、巡航、加速等不同行驶方式。

⑤ **制动模式** 当驾驶员踩下制动踏板,汽车处于制动或者减速状态时,整车控制器根据当前车辆行驶状态,计算出所需制动转矩,控制电动机转换

为发电动机模式，向动力电池充电。

⑥ **停车模式** 当驾驶员关闭钥匙，整车控制器控制子系统下电，设备关闭后，完成停车。

⑦ **故障模式** 当整车控制器监控到汽车发生故障时，会启动自我诊断和主动修复功能，同时限制系统功率输出，使汽车进入限速或者紧急停止状态，并将故障信息显示给驾驶员。

⑧ **充电模式** 当插上充电枪时，充电动机开始工作，整车控制器会协调电池管理系统启动充电，并持续监测电池管理系统及充电动机的状态，将充电信息显示给驾驶员；当充电过程出现故障时，整车控制器会及时切断电池管理系统继电器，以中断充电过程。

2.4.2 如何控制电动机

电动机控制器，英文全称为Motor Control Unit（MCU），是电动汽车特有的核心功率电子单元，通过接收整车控制器VCU的行驶控制指令，控制电动机输出指定的转矩和转速，驱动车辆行驶；同时电动机控制器也能把动力电池的直流电转换为电动机所需的三相高压交流电，驱动电动机输出机械能。电动机控制器还具有电动机系统诊断保护和储存的功能。

由于逆变器和控制器高度集成在一起，因此电动机控制器广义上包含了逆变器和控制器两个部分，如图2.33所示。

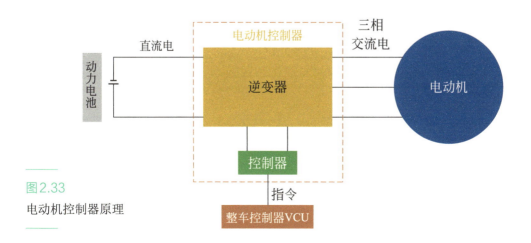

图2.33
电动机控制器原理

（1）基本结构和组成

与整车控制器类似，电动机控制器主要由硬件和软件两部分组成，硬件包含了壳体、冷却系统、控制模块、功率模块，软件分为应用软件和底层软件，如图2.34所示。

壳体用于硬件的保护以及密封，同时需要防水、防尘、防振动等。一般壳体上具备两对高压接口，一对直流高压输入用于连接动力电池，一对交流高压输出用于连接电动机；同时壳体上具备一只低压接头，用于连接整车控制器、通信、传感器、低压电源等，另外还有冷却系统进出口水道接口，如图2.35所示。

图2.34　电动机控制器的构成

图2.35　电动机控制器的接口

功率模块一般由功率器件IGBT组成，用于对逆变器的电压和电流进行控制。由于IGBT是一个高频的开关功率元器件，工作时要消耗电能，通常流过IGBT的电流较大，会产生较大的热量，因此一般需要冷却系统进行散热，冷却系统一般集成在壳体上。

控制模块主要由PWM波生成电路、复位电路、传感器信号处理电路、交互电路等组成，对外接收来自整车控制器的指令和其他部件的状态信息，对内通过应用软件和底层软件负责控制策略的生成，将指令传递给驱动电路。

(2) 控制基本内容

电动机控制器主要包含运行速度控制和运行方向控制两个方面的内容。

① **运行速度控制** 采用PWM控制改变逆变器输出的三相交流电的电压和频率就可以改变电动机的转速，从而对汽车进行调速。

② **运行方向控制** 通过改变逆变器中IGBT的导通顺序改变输出三相交流电的相序，可以使电动机反转，从而改变汽车的运行方向。

PWM，即脉冲宽度调制，也称为"开关驱动装置"，英文全称为Pulse Width Modulation，是目前控制电动机逆变器最广泛的调制方式。

采用PWM对逆变电路中的开关器件IGBT的通（开）和断（关）进行控制，输出端可以得到一系列幅值相等的脉冲，这些脉冲可以代替正弦波或所需要的波形。按照一定规则对各脉冲的宽度进行调制，便可改变逆变器输出电压的大小和频率，这是PWM调制的基本原理，如图2.36所示。

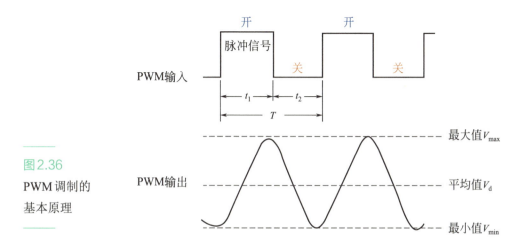

图2.36 PWM调制的基本原理

电动机控制的主要内容是通过PWM的控制，改变逆变器输出三相交流电的电压、频率和相顺，从而对电动机的转速和方向进行控制。

占空比是指在一个脉冲循环内，通电时间相对于总时间所占的比例，即电路被接通的时间占整个电路工作周期的百分比。

图2.36中，高电平保持的时间（高电平表示"开"，低电平表示"关"）与该PWM时钟周期的时间之比就是占空比，PWM通过占空比对电路进行通断控制。当占空比为100%时，表示一个周期内，电路都处于"开"的状态；当占空比为0%时，表示一个周期内，电路都处于"关"的状态。

2.4.3 动力电池的灵魂——电池管理系统BMS

电池管理系统，英文全称为Battery Management System，英文简称为BMS，是电动汽车能量储存与供给的关键部件，也是动力电池系统必不可少的一部分。

（1）系统结构

与整车控制器和电动机控制器类似，电池管理系统主要由硬件和软件两部分组成。

如图2.37所示，电池管理系统硬件一般由主板、从板、高压保护盒、高低压接口以及连接各部件的线束组成。

主板（Battery Control Unit，BCU），主要收集来自各个从板对电池模组包括温度、电压、电流等采样信息，实时监控电池的各项状态，计算电池荷电状态（SOC）等重要参数。它通过低压接口与整车进行通信，同时控制高压保护盒BDU内的继电器，保证电池在充放电过程中安全使用。

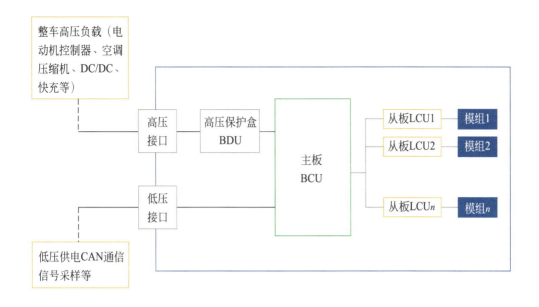

图2.37 电池管理系统的硬件构架

从板（Local Control Unit，LCU），安装于模组内部，用于检测模组内各电芯的电压、电流、温度，并将信息传输给主板，也可以对电芯进行均衡控制。

高压保护盒（Battery Disconnect Unit，BDU），内部主要由预充电路和继电器构成，受主板控制，主要是保护电池的充放电安全。

电池管理系统的软件主要由应用层（Application Layer）和基础软件层（Basic Software，BSW）构成，两者中间设立了一个运行时环境（Run Time Environment，RTE），从而使两者分离，同时负责两者的通信，形成了一个分层体系架构，如图2.38所示。

分层设计的好处是一方面可以使车企可以根据需求专注于开发特定的应用层软件；另一方面，基础软件层主要提供基础软件服务，可以标准化。

应用层是电池管理系统的核心，包括电池保护、故障诊断、热管理、继电器控制、从板控制、均衡控制、荷电状态估计和通信管理等模块。

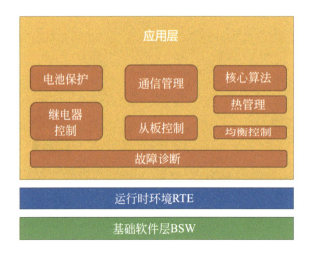

图2.38 电池管理系统的软件构架

（2）主要功能

电池管理系统主要有五个功能，如图2.39所示。

① **电池状态监控** 对电池系统的电压、电流、温度等数据进行采集并监测，并与整车控制器和其他控制系统进行交互，这是电池管理的最基本功能。

② **电池状态分析** 电池状态分析主要包含两个方面：一是对电池的荷电状态（State of Charge，SOC）进行评估，即电池还剩多少电量，这个信息会通过整车控制器在仪表盘显示给驾驶员，电池荷电状态评估的精度和准确性

图2.39 电池管理系统的主要功能

决定了电动汽车电池运行的效率；二是对电池的健康状态（State of Health）进行评估，主要是监测一定时间后电池容量的衰减状态，以此评估电池性能的好坏。

③ **电池安全保护和诊断**　电池安全保护属于电池管理中非常重要的功能，电池的过流、过充、过放、过温等都是通过电池管理系统进行检测和保护的。如果系统监测到电池出现过流、过充、过放以及过温的异常，会及时采取措施，如切断回路、发出警告等。

④ **能量控制管理**　电池管理系统会进行充电控制管理、放电控制管理、电池均衡管理等，目的是保证电池在最高效、最节能的情况下运行。

⑤ **电池信息管理**　电池信息管理主要是数据对内和对外的通信以及信息的储存，对内与电池系统内部各子部件数据的交互，对外与整车控制器和电动机控制器数据的交互，另外电池管理系统需要对电池历史信息进行储存，用于数据缓冲。

2.4.4　控制器是如何通信的——总线技术

前面章节我们介绍了电控技术中整车控制器VCU，电动机控制器MCU和电池管理系统BMS，它们构成了整个电驱动控制系统的核心。

除了这三个控制器外，在汽车中还有很多类似大大小小的控制器，称为ECU（Electronic Control Unit），如空调、照明、多媒体控制器等，这些控制器之间需要时时刻刻进行传输数据及交互，一方面它们需要接收来自整车控制器的指令；另一方面它们需要将这些指令传递给执行器执行相关的操作。通信以及交互的准确性、可靠性和高效性都是靠总线技术来保证的。

（1）汽车总线技术

很早以前的汽车，控制器大多采用点对点的单一通信方式，随着控制器越来越多，必然会形成一个庞大的布线网络。据不完全统计，一辆汽车如果采用点对点传统布线，导线长度可达2000m，节点多达1500个，这种方式明

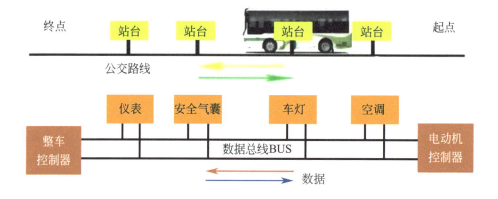

图2.40 数据总线BUS举例

显不能适应汽车电子系统的快速发展。

另外,为了满足实时性要求,需要对一些重要的数据(如电动机转速、车轮转速、踏板位置等信息)进行实时共享,而每个控制器对实时性的要求又各不相同。

基于以上两个需求,再考虑到材料成本、工作效率以及汽车空间的布置,汽车总线技术便应运而生。

无论有多少控制器,每一个控制器只需引出两条线共同接在两个节点上,这两条线被称为数据总线,也叫作BUS线,它的工作原理与公交车的运行类似,如图2.40所示。

每一个公交站台相当于一个控制器,公交上的乘客相当于需要传递的数据,公交行驶的公交路线上,数据总是在BUS线上进行传递。

每一个与总线连接的控制器(站台)都会收到总线上的信息,如果信息有用,则会接收和储存下来;如果无用,便会忽略。同样,如果某个控制器A需要发送数据给另一个控制器B,首先该数据会在总线BUS上传递,连接在总线上的控制器B就会接收这个信息。需要指出的是,除了控制器A和B,连接在总线上所有的控制器都能读取到这个信息,这样,控制器便能够进行信息交互,从而实现多个控制单元的信息共享,这就是总线技术的基本原理。

（2）四大总线技术介绍

目前按照通信速度，可以把总线分为以下四个大类。

表2.4 总线的分类

类别	通信速度/（bit/S）	应用
LIN	10～125k	车灯、门锁、电动座椅等
CAN总线	125k～1M	汽车空调、电子指示、电动机、BMS、故障检测等
FlexRay总线	1～10M	制动、安全气囊等
MOST总线	10M以上	车载导航、多媒体娱乐等

CAN总线，也称为控制器局域网，英文全称为Controller Area Network，是目前在汽车上应用范围最为广泛的总线技术。

LIN总线，英文全称为Local Interconnect Network，一般作为CAN总线的补充，是一种较低成本、较低速度、实时性要求低的通信方式，主要应用于电动门窗、座椅调节、灯光照明等控制。

FlexRay总线，是一种相比CAN总线在实时性、可靠性和灵活性等方面更高的通信方式，目前主要应用于与安全有关的系统控制。

MOST总线，也称为多媒体传输系统，英文全称为Media Oriented System Transport，是一种专门针对车内使用的、服务于多媒体应用的通信方式，在保证低成本的情况下，能达到较高的传输速率。

（3）以太网

随着车联网和自动驾驶的蓬勃发展，越来越多的控制器和传感器增加到了汽车中，汽车的网络化要求越来越高。而传统以CAN总线为主导的通信方式愈发捉襟见肘，带宽不足问题逐渐凸显，且难以与外部设备和网络服务进行连接。因此，传输速率更高、距离更长、更成熟和更加开放的以太网络（Ethernet）越来越受到大家的关注。

这里介绍一下以太网和CAN总线的主要区别，主要在于网络拓扑结构的不同。

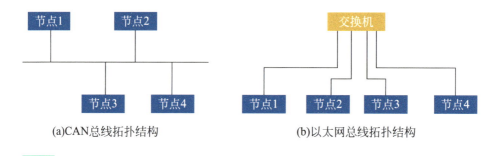

图2.41　CAN总线和以太网总线拓扑结构

在CAN总线上，一条总线上会连接多个控制器（节点），如图2.41（a）所示；而以太网会有一个交换机（Switch）节点，主要用于转发信息，而其余控制器（节点）都需要通过交换机才能连接到一起，如图2.41（b）所示。

在CAN总线上，如果一个控制器（节点）发送信息，会同时占据整个总线的带宽，而总线上所有的控制器（节点）都会收到信息，它们会根据自身的情况来决定是否接收；而对于以太网，则是点对点通信，带宽不会受到其他节点通信影响，因此传输速率会大幅提升。

2.5 读懂ISO 26262道路车辆功能安全

安全一直都是汽车的首要目标，相比于传统燃油汽车，电动汽车的整车构架已经发生了很大的变化。特别对于三电系统，其控制算法和软件逻辑变得更加复杂，这些电子电气系统失效的风险逐渐增加。为了规避这些风险，保证电子电气系统的安全运行，最近几年，国内外汽车行业都开始推行功能安全，提出了相关的要求以及遵循的流程。

拓展

功能安全标准,由国际标准化组织ISO和全球约30家汽车车企联合制定,在2005年起开始制定,历经约6年时间,于2011年11月作为ISO标准正式颁布。我国对应国家标准为GB/T 34590,已经于2017年10月正式发布。

(1)什么是功能安全

功能安全,英文名称为Functional Safety,在ISO 26262《道路车辆功能安全》中是这样定义的:不存在由电子电气系统的功能异常表现引起的危害而导致不可接受的风险。

因此,功能安全包含了三个要素:电子电气系统、功能异常、不可接受的风险。把这三个要素串起来即:避免因电子电气系统故障而导致不可接受的风险。

需要指出,ISO 26262覆盖了汽车整个安全生命周期,包含管理、开发、生产、经营、服务、报废环节。

(2)系统构架

功能安全是一个系统性的工作,并且是一个标准的流程,一共可以分解为10个部分,包含了术语解释、功能安全管理、概念阶段、产品开发、生产和运行、支持过程、汽车安全完整性等级、指南,图2.42所示为整个功能安全的系统构架。

该系统构架是功能安全的框架和指导,所有与功能安全有关的活动都需要遵循这个流程和框架。

可以看到,ISO 26262站在了系统和全生命周期的高度,从产品概念阶段开始,覆盖了系统、硬件、软件、生产运行、售后支持以系统的方法,指导产品全生命周期的安全事项的实施。

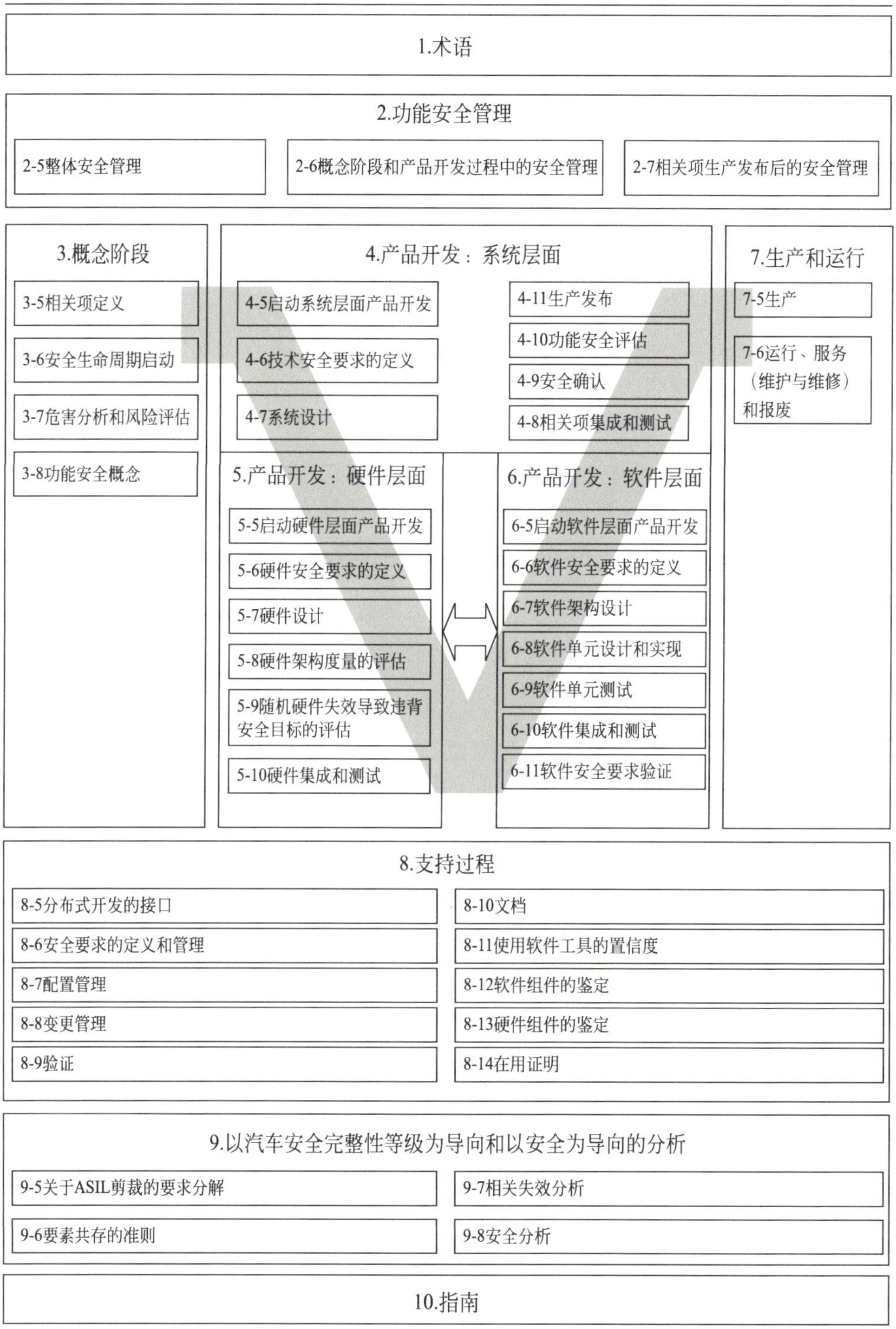

1.术语

2.功能安全管理

2-5整体安全管理	2-6概念阶段和产品开发过程中的安全管理	2-7相关项生产发布后的安全管理

3.概念阶段

- 3-5相关项定义
- 3-6安全生命周期启动
- 3-7危害分析和风险评估
- 3-8功能安全概念

4.产品开发：系统层面

- 4-5启动系统层面产品开发
- 4-6技术安全要求的定义
- 4-7系统设计
- 4-11生产发布
- 4-10功能安全评估
- 4-9安全确认
- 4-8相关项集成和测试

5.产品开发：硬件层面

- 5-5启动硬件层面产品开发
- 5-6硬件安全要求的定义
- 5-7硬件设计
- 5-8硬件架构度量的评估
- 5-9随机硬件失效导致违背安全目标的评估
- 5-10硬件集成和测试

6.产品开发：软件层面

- 6-5启动软件层面产品开发
- 6-6软件安全要求的定义
- 6-7软件架构设计
- 6-8软件单元设计和实现
- 6-9软件单元测试
- 6-10软件集成和测试
- 6-11软件安全要求验证

7.生产和运行

- 7-5生产
- 7-6运行、服务（维护与维修）和报废

8.支持过程

8-5分布式开发的接口	8-10文档
8-6安全要求的定义和管理	8-11使用软件工具的置信度
8-7配置管理	8-12软件组件的鉴定
8-8变更管理	8-13硬件组件的鉴定
8-9验证	8-14在用证明

9.以汽车安全完整性等级为导向和以安全为导向的分析

9-5关于ASIL剪裁的要求分解	9-7相关失效分析
9-6要素共存的准则	9-8安全分析

10.指南

图2.42　功能安全系统构架

（3）安全等级 ASIL

ISO 26262《道路车辆功能安全》的一大特色是定义了功能安全的等级，称为 ASIL（Automotive Safety Integration Level），即汽车安全完整性等级，使得全行业有一个统一的参考标准。

ASIL 按照故障的严重度、失效率以及可控性三个因子，一共划分为四个等级。这四个等级分别为 A，B，C，D，其中 A 是最低的等级，D 是最高的等级，具体见表 2.5。

表 2.5　功能安全等级分类

安全等级	分级标准（严重度/失效率/可控性）	安全目标
ASIL A	低，可控	低
ASIL B	低，不可控	一般
ASIL C	高，不可控	中
ASIL D	很高，不可控	高

对于故障，按照不同的等级，确定需要达到的安全目标，然后再进行验证。

自 ISO 26262 颁布，宝马汽车就要求所有和功能安全相关的电子电气系统供应商都要满足这份标准，其他全球主机厂也纷纷跟进。该标准已经逐步成为各国家、行业广泛认可的基本功能安全标准，中国也形成了相应的国家标准。功能安全已经成为了一个硬性要求。

2.6
三电系统的测试

电池、电驱、电控三电系统构成了电动汽车的核心，每一个系统都对应了相关的设计要求，如何通过实验去验证它们是否满足设计要求呢？

（1）三电系统开发V模型

汽车开发的流程，一般都是按照V模型来开发汽车产品的，图2.43所示为电动汽车三电系统开发的V模型。

从左往右看，可以把三电系统的开发简化为两个阶段，第一阶段是开发阶段（V模型左侧）；第二阶段是验证阶段（V模型右侧）。

从上往下看，可以把电动汽车分为三个级别，整车级别、系统级别以及零部件级别。

在开发阶段，主要的工作是明确相关需求，在整车级别进行整车需求分析，然后将需求分解到系统级别，即三电系统需求分析，接着再将三电系统分拆到零部件级别，即电池要求、电驱要求、电控要求。基于这些要求进行产品的开发。

在验证阶段，先对零部件级别的部件进行测试，即进行电池测试、电驱测试和电控测试。零部件测试完成后，再对整个三电系统进行测试，最终对整车进行测试，保证整车级别、系统级别以及零部件级别都能够满足最初设定的开发要求。

这就是三电系统开发的V模型流程，其广泛地应用在汽车行业中。

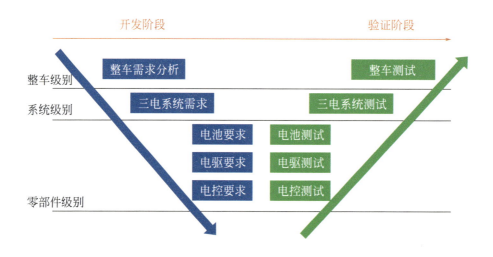

图2.43　电动汽车三电系统开发V模型

（2）三电系统测试项目

图2.44所示为现行国标规定的三电系统测试项目汇总。

三电系统测试整体来说包括性能测试、安全测试、可靠耐用测试等近60个项目，除了国家标准，每一个车企也有自己的企业标准。

由于电驱和电控系统是集成在一起的，电驱和电控的测试也是一致的，因此可以把三电系统测试分为两部分：电池部分和电驱/电控部分。

具体来看，针对电池部分，分为电芯模组测试和电池系统测试。

① **电芯模组测试**　电芯和模组测试包含了电性能测试（如容量、内阻、功率等），循环寿命测试（不同工况下电池容量衰减测试），安全性测试（包括振动、冲击、短路、过充电、过放电等）。

② **电池系统测试**　电池系统测试包含了电性能测试（如容量、可用能量、输出功率等），安全性测试（耐压、绝缘、快速充放电、耐火、短路、跌落等），环境可靠性测试（防水、防尘、碎石冲击、噪声、盐雾等），电磁兼容测试（自身抗干扰能力以及防止自身去干扰其他电气设备）。

针对电驱和电控的部分，主要包含了一般性试验、输入输出特性试验、

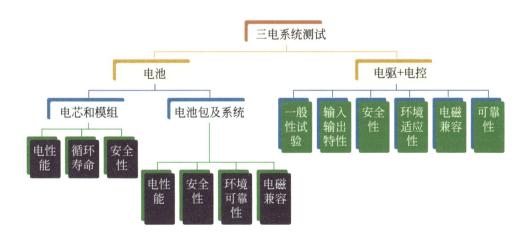

图2.44　三电系统测试项目汇总

图2.45 电驱动系统测试项目

安全性试验、环境适应性试验、电磁兼容试验、可靠性试验6个子部分,每一个子部分都有具体试验项目,如图2.45所示。

(3)三电系统测试机构

目前针对三电系统的测试机构主要分为两种类型,一种是车企自己建立的实验室;一种是以委外的形式寻找第三方机构进行测试。

由于新增测试项目很多,车企内部实验资源不足,以及实验室建设投入巨大,采用委外的方式逐步再增长,第三方测试市场的份额正在扩大。

我国市场目前电池供应商以本土供应商为主,都已经具备了较强的实验测试能力,且电池通用化程度较高,综合来看委外需求相对较小;而驱动市场由于涉及不同的电控、电动机组合,需要进行不同的系统总成测试,委外的需求相对较大。

2.7 走向2025，我国电动汽车技术发展路线图

（1）制订技术发展路线图起因——汽车产业大而不强

我国是世界第一的汽车制造大国和销量大国，据公开资料显示，2017年我国汽车产业GDP为1.28万亿美元，占我国GDP比例已经达到了10.4%，而据统计，我国从业人数中平均每6个人中就有1个人从事与汽车行业相关的工作。

与此同时，我国跟汽车强国相比还存在很大的差距，如图2.46所示，综合比较我国的汽车行业与国外汽车强国产业的差

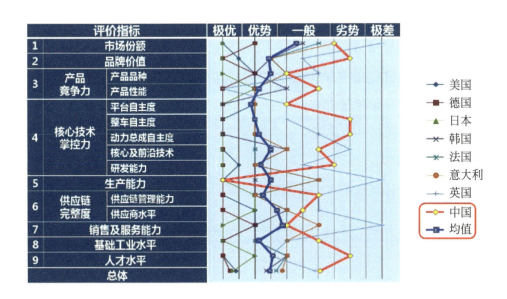

图2.46 我国汽车发展现状与全球汽车强国比较

距，可以看到，除了生产能力，我国汽车产业发展处于明显的劣势，特别地，对于核心技术的掌握，差距十分明显。

基于此现状，"节能与新能源汽车"被我国定为了《中国制造2025》重点发展领域，在《中国制造2025》中，明确了支持电动汽车发展，提升三电特别是动力电池、驱动电动机、智能控制等核心技术的工程化和产业化能力，为此也制订了电动汽车技术发展的路线图。

（2）发展目标

具体来说，我国电动汽车发展设立了以下几个发展目标，到2025年：

a.与国际先进水平同步的电动汽车年销量300万辆，在国内市场占80%以上。

b.动力电池、驱动电动机等关键系统实现批量出口。

c.电动汽车年销量占汽车总体需求量比例将超过20%。

d.重点产品插电式混合动力汽车（PHEV）混合动力模式下整车油耗相比传统燃油车节油25%以上，关键零部件国产化率超过80%。

e.重点产品纯电动汽车（EV）整车电耗小于$11.5kW\cdot h/100km$，关键零部件国产化率超过80%。

f.突破电动机与传动装置、逆变器集成，高集成电驱动系统专用变速器等技术难题。

g.突破温度、长寿命、全固态电池，低成本、高集成化电池管理等技术难题。

（3）关键零部件发展

我国也确定了以下九大关键零部件的发展方向，包括驱动电动机、电动机控制器、动力电池系统、整车控制器、高压总成等关键和共性的技术，如图2.47所示。

驱动电机	电动机控制器	动力电池系统
研发与商品化能力达到国际先进水平，乘用车驱动电动机 20s 有效比功率超过 4kW/kg，商用车 30s 有效比转矩超过 19N·m/kg	实现功率密度不低于 25k·W/L，综合性能达到国际先进水平，自主率达到 60% 以上	电池单体比能量达到 400W·h/kg 以上，成本降至 0.8 元 /W·h；系统成本降至 1 元 /W·h
增程式发动机	机电耦合装置	燃料电池电堆及系统
增程式发动机最低比油耗降至 225g/kW·h 以下，自主化率达到 80%	纯电驱动系统最高传动效率达到 93% 以上，机电耦合变速器实现高集成度专用化	冷起动温度达到 −30℃ 以下，体积比功率达到 3k·W/L，寿命超过 5000h，燃料电池系统产能超过 10 万套
高压总成	整车控制器	轻量化车身
DC/DC、充电器系统效率达到 95% 以上，高压继电器、熔断器实现小型化、低成本；高压铝导线实现大批量应用	具备与 3S 系统相结合的智能行驶控制功能，整车控制系统自主化率达到 80%，自主实时操作系统应用率达到 50%	实现复合材料 / 混合材料技术突破，降低成本，在新能源汽车上的应用率达到 30%，自主率超过 50%

图 2.47　电动汽车关键零部件发展目标

2012 年发布的《节能与新能源汽车发展规划（2012—2020）》是我国第一个电动汽车发展的纲领性文件，明确了纯电的发展方向，提出了具体的产销量目标和油耗限值，并且针对动力电池和驱动系统等性能参数，以官方文件的形式提出了具体目标。

在 2015 年发布的《中国制造 2025》中，"节能与新能源汽车"被作为重点发展领域，该份文件更加关注自主品牌发展以及其市场占有率，并且首次具体提出了燃料电池汽车和智能网联汽车的主要目标。

  2017年5月，历时一年多制定的《汽车产业中长期发展规划》发布，规划提出"力争经过10年努力，迈入世界汽车强国行列"的发展目标。

第3章

动力电池知识

3.1 电池的基本原理以及分类

3.1.1 电化学反应

电池：本质上是实现不同形式的能量（化学能、太阳能、微生物能等）与电能相互转换的装置。我们平时提到的电池一般指的是化学电池，即化学能和电能相互转换的装置，主要是通过氧化还原反应来实现能量转换的。

 拓展

氧化还原反应是三大基本化学反应之一，自然界中的燃烧、呼吸光合作用、化学电池、火箭发射等都与氧化还原反应息息相关。可以根据是否有氧化数的升降，或者是否有电子得失与转移来判断一个化学反应是否为氧化还原反应。发生氧化反应的物质称为还原剂，生成氧化产物；发生还原反应的物质称为氧化剂，生成还原产物。

如图3.1所示，电池自发地将本身的化学能转化为电能，称为电池的放电过程；而将外部电源供给的能量转变为电池反应产物的化学能，称为电池的充电过程。

电池一般由以下五个要素组成：

a.两种活泼性不同的金属（或另一种为非金属导体）构成正负电极。

b.电解质溶液。

c.形成闭合回路。

d.氧化还原反应能自发进行。

e.为了防止正负两极接触而短路，一般会有隔膜将正负两极分隔开来。

正极、负极、电解液以及隔膜组成了电池的基本体系，放电时正极得到

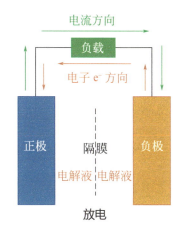
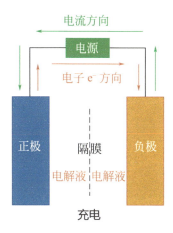

图3.1 电池的放电和充电过程

电子,发生还原反应;而负极失去电子,发生氧化反应,充电时过程与之相反。

这里分别用汽车常用的12V蓄电池和高压动力电池举例。

(1)蓄电池的电化学反应

汽车用蓄电池也叫铅酸电池,它是汽车应用历史最长,也是最成熟的电池。其正极为二氧化铅(PbO_2),负极为海绵状的纯铅,电解质为硫酸水溶液。

放电时,正极从外部负载得到电子,二氧化铅中的4价铅被还原为2价铅,并与电解液中的硫酸根结合生成硫酸铅;负极失去电子流入外部负载,纯铅被氧化为2价铅,并与电解液中的硫酸根结合也生成硫酸铅;同时,正极二氧化铅的氧离子与电解液中的氢离子结合生成水。

放电正极反应:

$$PbO_2 = Pb^{4+} + 2O^{2-}$$
$$Pb^{4+} + 2e^- = Pb^{2+}$$
$$Pb^{2+} + SO_4^{2-} = PbSO_4$$

放电负极反应:

$$Pb - 2e^- = Pb^{2+}$$
$$Pb^{2+} + SO_4^{2-} = PbSO_4$$

放电电解质反应：

$$H_2SO_4 = 2H^+ + SO_4^{2-}$$
$$2H^+ + O^{2-} = H_2O$$

蓄电池放电越久，硫酸的浓度愈稀，所消耗硫酸与放电量成正比，只要测得电解液中的硫酸浓度，就可得知残余电量。

蓄电池的充电过程与放电过程相反，附在正极上的硫酸铅中的铅失去电子被氧化，化合价升高，变为二氧化铅；附在负极硫酸铅中的铅从外部电源得到电子被还原，化合价降低，变为铅。当两极的硫酸铅均被转变为原来的二氧化铅和纯铅时，充电即结束。

总结下来，铅酸蓄电池的电化学反应方程式如下：

$$PbO_2 + Pb + 2H_2SO_4 \underset{充电}{\overset{放电}{\rightleftharpoons}} 2PbSO_4 + 2H_2O$$

（2）动力电池的电化学反应

动力电池，也叫锂离子电池（简称锂电池），正极一般为含锂的化合物，负极采用碳素材料，电解液使用非水液态有机电解质。

如图3.2（a）所示，充电时，正极上的锂原子失去电子，被氧化成锂离

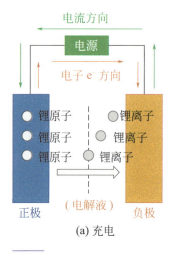
(a) 充电

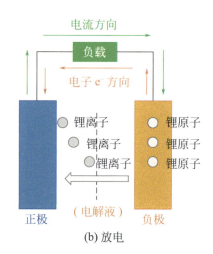
(b) 放电

图3.2 锂离子电池的充电和放电过程

子(脱嵌),锂离子经过电解液运动到负极,与流经外部电源的电子结合,被还原成锂原子,嵌入到负极碳层的微孔中。

如图3.2(b)所示,放电时,嵌在负极碳层中的锂原子,失去电子,被氧化成锂离子,锂离子通过电解液又运动回正极,与流经负载的电子结合,被还原成锂原子(嵌入)。

与铅酸电池不同的是,锂离子电池的充放电过程不是电极与电解液之间的氧化还原反应,而是电极锂原子与锂离子之间的转换(氧化还原反应),电解液仅仅作为锂离子在电极间往返的媒介。

锂电池的充放电过程,也就是锂离子在正负极间不断脱嵌和嵌入的过程,同时伴随着等量电子的嵌入和脱嵌。锂离子数量越多,充放电的容量就越高。

(3)蓄电池和动力电池比较

表3.1比较了铅酸蓄电池和锂离子动力电池的优缺点。

表3.1 铅酸蓄电池和锂离子动力电池的优缺点比较

	优点	缺点
铅酸蓄电池	技术成熟,原料来源丰富,价格低廉	能量密度低,循环寿命低,不环保
锂离子动力电池	能量密度高,循环寿命高,高低温适应能力强,环保	成本高,自放电率高,安全性差,生产要求高

3.1.2 电池的分类及比较

(1)二次电池

如图3.3所示,按照能量来源的方式,可以将电池分为以下三个大类:

① **化学电池** 化学电池是将化学能通过化学反应转化为电能。

② **物理电池** 物理电池是利用光、热、物理吸附等物理能量进行发电,在一定条件下实现电能直接转换,如我们常见的太阳能电池、超级电容器、热电池等。

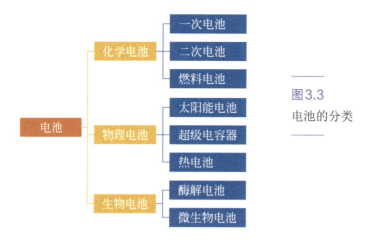

图3.3 电池的分类

③ **生物电池** 生物电池是将生物质能直接转化为电能,如酶解电池、微生物电池等。

针对汽车行业的应用,我们主要关注化学电池。按照化学电池的工作性质,又可以将化学电池分为以下几类。

① **一次电池** 一次电池也称原电池,经过一次放电后不能用简单的充电方法使活性物质复原从而继续使用的电池,即不能够再充电的电池,如生活中常用的锌锰干电池。

② **二次电池** 二次电池也称为蓄电池,一次放电后可继续采用充电的方式使活性物质复原,即可充电的电池,我们生活中使用的消费类电池以及汽车用电池都是这种类型。

③ **燃料电池** 燃料电池指正负极本身不含活性物质,活性材料连续不断从外部加入的电池,如燃料电池汽车所用的氢燃料电池。

对于电动汽车的动力电池,主要关注二次电池和燃料电池。由于燃料电池技术还未成熟,还未实现大规模量产,成本较高。目前电动汽车的动力电池主要使用的是以锂离子电池为主的二次电池。

(2)锂离子电池

为何电动汽车会使用锂离子电池?

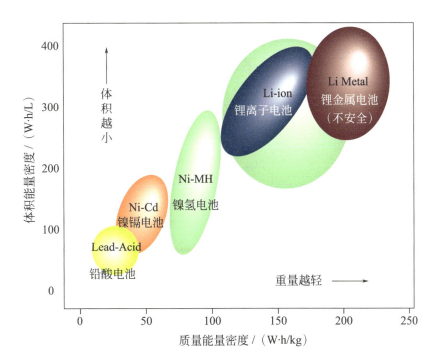

图3.4 二次电池分类

二次电池主要包含铅酸电池（Lead-Acid），镍镉电池（Ni-Cd），镍氢电池（Ni-MH），锂离子电池（Li-ion）以及锂金属电池（Li Metal）。

从体积能量密度（能量与体积的比值）和质量能量密度（能量与重量的比值）两方面进行比较，如图3.4所示，纵轴为体积能量密度，单位为W·h/L，数值越大说明同样的能量体积越小，占有空间越小；横轴为质量能量密度，单位为W·h/kg，数值越大说明同样的能量，质量越轻。

可以从图3.4看到，锂离子电池无论在体积能量密度还是质量能量密度都具有很大的优势，且相比于锂金属电池更加安全，因此电动汽车的动力电池采用的是锂离子电池。

表3.2进一步比较了用不同类型的电池的区别。

表3.2 不同类型的电池比较

电池类型	铅酸电池	镍镉电池	镍氢电池	锂离子电池	燃料电池
体积能量密度/(W·h/L)	50～80	80～150	100～300	250～400	1000～1200
质量能量密度/(W·h/kg)	30～45	40～60	60～80	90～160	500～700
循环寿命	400～600次	600～1000次	800～1000次	800～1200次	10000h
成本/(元/W·h)	1～1.5	2～3	3～6	3～5	5～6
环保	污染严重	污染较重	轻度污染	无污染	无污染

在二次电池中，锂离子电池无论在能量密度、寿命和环保性能上都具有很大的优势，是目前动力电池的首选。燃料电池虽然能量密度很高，但是由于燃料的来源（比如氢气）要消耗比普通电动汽车更多的能源以及产生很严重的污染，目前还存在很大的瓶颈。

（3）锂离子电池的分类

锂离子电池按照正极材料的不同，可以分为磷酸铁锂、锰酸锂、钴酸锂、三元材料等类型。

磷酸铁锂（简称LFP）安全性好，循环寿命长，原材料资源丰富，但其缺点也很明显，其能量密度很低，低温性能差，目前磷酸铁锂主要应用在电动大巴上。

锰酸锂资源丰富、成本低、生产工艺很成熟，但其高温循环性能以及电化学稳定性差，大大限制了其产业化。

钴酸锂是最早实现商业化的锂电池正极材料，但其缺点是比容量太低、安全性差、成本高。

三元材料主要有镍钴铝酸锂（简称NCA）和镍钴锰酸锂（简称NCM）两种。三元材料综合了钴酸锂和锰酸锂等材料的优点，其容量大、成本低、安全性好。需要指出的是，三元材料中钴金属是必不可少的材料，但是金属钴一方面价格高昂，一方面存在毒性，近年来电池厂商都致力于三元材料电池的"少钴化"。

从成本、安全、性能等因素综合考虑，目前市场上三元锂电池和磷酸铁锂电池是使用占比最高的动力电池。

3.1.3 动力电池的构造和电芯的封装

电动汽车一般采用锂离子电池作为动力电池。动力电池实际上是一个统称，它包含电芯、模组以及电池包三个层级。

（1）电池的构造

电芯，英文名称为Cell，可以用来充电和放电的锂离子电池基本单位，将正极、负极、隔膜、电解液封装在壳中，氧化还原反应就在这个空间中进行。

模组，英文名称为Module，为了保护电芯免于受到外部的热、振动等冲击，将一定数量的电芯连接在一起，放入一个框架中组成电池的组件。

电池包，英文名称为Pack，是装入电动汽车的电池的最终形态，在电池模组的基础上装配电池管理系统（BMS）、冷却系统、线束等部件。

电芯、模组和电池包都是组成动力电池的单位，多个电芯组成模组，多个模组组成电池包，电池最终以一个电池包的形态装入电动汽车，如图3.5所示，我们在电动汽车上看到的都是已经组好的电池包实物。

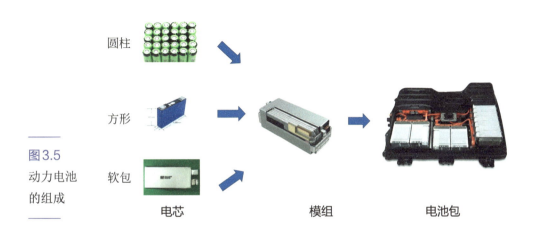

图3.5 动力电池的组成

（2）电芯的封装

一个电池包包含少则成百多则上千的电芯，电芯是电池最基本也是最核心的单元。

电芯因其制造工艺不同，分为卷绕和层叠两种方式。

① **卷绕** 卷绕的英文名称为Roll，即将电池的正负极片、隔膜通过卷绕机卷起来。

② **层叠** 层叠的英文名称为Stake，即将电池的正负极片、隔膜裁剪成规定尺寸后，再堆叠起来。

举一个比较形象的例子，如图3.6所示，卷绕就如同"泡泡卷"一样，把正负极片和隔膜卷起来，该工艺简单成熟。目前我们生活中使用的电池基本上都是这样的形式。层叠，可以比作是"三明治"，正极极片和负极极片分别为最外层的"面包片"，隔膜便是夹在其中的"食材"，把这三者堆叠起来。

卷绕又可以分为圆柱卷绕和方形卷绕，电芯极片以及隔膜通过卷绕或者层叠后再一起封装到外壳中，组成了圆柱电芯、方形电芯和软包电芯三种封装形式，如图3.7所示。

每种封装各具特色，体现出不同类型锂电池的性能的优缺点，如表3.3所示。

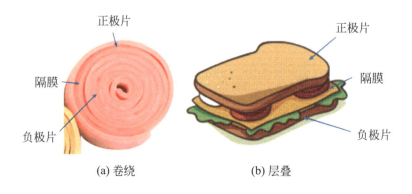

(a) 卷绕　　　(b) 层叠

图3.6　电芯制造工艺

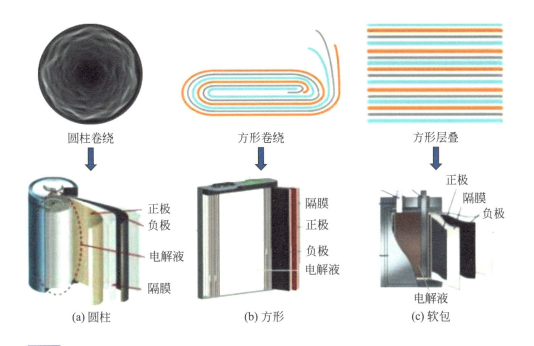

图3.7 电芯的三种封装形式

表3.3 不同封装形式电芯的优缺点比较

电芯封装	制造工艺	优点	缺点
圆柱电芯	圆柱卷绕	尺寸小,成组灵活 成本低 工艺成熟 一致性好	散热差 质量重
方形电芯	方形卷绕	散热好 可靠性高 安全性好	尺寸比较固定 成本高
软包电芯	方形层叠	质量轻 尺寸变化灵活	工艺不成熟 成本高

圆柱形电池因为其工艺成熟,一直在大规模使用,特别受特斯拉青睐;方形电池因为其安全性好,是目前较主流的技术路线;软包电池得益于其质量轻的优点,也颇受各大电池企业和电动汽车车企青睐。

3.2 动力电池的主要参数

（1）电压

电压的单位为V，分为开路电压和工作电压。

① **开路电压** 顾名思义，开路电压即电池外部不接任何负载或电源，测量电池正负极之间的电位差，即为电池的开路电压。

② **工作电压** 工作电压与开路电压相对应，即电池外接上负载或电源，有电流流过电池，测量所得的正负极之间的电位差。

由于电池内阻的存在，放电状态时（外接负载），工作电压低于开路电压，充电时（外接电源）的工作电压高于开路电压。

（2）电池容量

电池容量指能够容纳或释放的电荷Q，$Q=It$，即电池容量（A·h）=电流（A）×放电时间（h），单位一般为A·h（安时）或mA·h（毫安时）。

如电池容量标注16A·h，那么在工作时电流为1A的时候，理论上可以使用16h。

（3）电池能量

电池能量即电池储存的能量，单位为W·h（瓦时），能量（W·h）=电压（V）×电池容量（A·h）。

例如，标识为3.6V/10A·h的电池，其能量为36W·h。

如果把4节这样的电池串联，就组成了一个电压是14.4V，容量为10A·h，总能量为144W·h的电池组，虽然没有提高电池的容量，但总能量提高了4倍。

如果把4节这样的电池并联，就组成了一个电压是3.6V，容量为40A·h，总能量为144W·h的电池组，虽然电压没有提高，但总能量也提高了4倍。

（4）能量密度

能量密度即单位体积或单位质量电池释放的能量，这是一个比较常用的参数。如果是单位体积，即体积能量密度（W·h/L），有时候直接称能量密度；如果是单位质量，即质量能量密度（W·h/kg），有时候也称为比能量。

如一节锂离子电池重300g，体积为0.2L，额定电压为3.6V，容量为10A·h，则其体积能量密度为180W·h/L，质量能量密度为120W·h/kg。

（5）功率密度

与能量密度对应，将能量除以时间便可以得到功率，单位为W或kW。

功率密度是指单位质量（有时候也直接称为比功率）或单位体积电池输出的功率，单位分别为W/kg或W/L。

比功率是评价电池是否满足电动汽车加速性能的重要指标。

比能量和比功率究竟有什么区别？

举个形象的例子：

比能量高的动力电池就像龟兔赛跑里的乌龟，耐力好，可以长时间工作，保证汽车续航里程长；比功率高的动力电池就像龟兔赛跑里的兔子，速度快，可以提供很高的瞬间电流，保证汽车加速性能好。

（6）电池放电倍率

放电倍率是指在规定时间内电池放出其额定容量（Q）时所需要的电流值，它在数值上等于电池额定容量的倍数。即充放电电流（A）与额定容量（A·h）比值，其单位一般为C（C-rate的简写），如0.5C、1C、5C等。

例如，对于一个容量为24A·h的电池：如果用48A的电流放电，那么其放电倍率为2C，0.5h放电完毕；如果用12A充电，其充电倍率为0.5C，2h充电完毕。

电池的充放电倍率，决定了可以以多快的速度将一定的能量存储到电池里面，或者以多快的速度将电池里面的能量释放出来。

（7）荷电状态

荷电状态（SOC），英文全称为State Of Charge，也叫剩余电量，代表的是电池放电后剩余容量与其完全充电状态的容量的比值。

其取值范围为0～1：

a.当SOC=0时表示电池放电完全。

b.当SOC=1时表示电池完全充满。

电池管理系统（BMS）主要通过管理SOC并进行估算来保证电池高效的工作，所以它是电池管理的基本参数。

（8）内阻

内阻是指电池在工作时，电流流过电池内部受到的阻力。内阻主要包括欧姆内阻和极化内阻两个部分：

a.欧姆内阻的大小与电极材料、电解液、隔膜电阻及各部分零件的电阻有关。

b.极化内阻是指电池正负极在进行电化学反应时极化所引起的内阻，其反应了电池内部的一致性，极化内阻不是常数，在充放电过程中随时间不断变化。

内阻的单位一般是毫欧姆（mΩ），内阻大的电池，在充放电的时候，内部功耗大，发热严重，会造成电池的加速老化和寿命衰减，同时也会限制大倍率的充放电应用。

所以，内阻做的越小，电池的寿命和倍率性能就会越好。

（9）自放电

电池自放电，是指在开路静置过程中电压下降的现象，又称电池的荷电保持能力。

一般而言，电池自放电主要受制造工艺、材料、储存条件以及内部化学反应的影响，按照容量损失后是否可逆划分为容量损失可逆和容量损失不可逆。容量损失可逆指经过再次充电过程容量可以恢复；容量损失不可逆指容量完全损失不能恢复。

自放电一般以自放电率/月来表示，例如铅酸蓄电池的自放电率为20%～30%每月，电池的自放电直接降低电池的容量和储存性能。

（10）寿命（循环次数）

电池的寿命分为循环寿命和日历寿命两个参数。

① **循环寿命** 循环寿命指的是电池可以循环充放电的次数，即在理想的温湿度下，以额定的充放电电流进行充放电，计算电池容量衰减到80%时所经历的循环次数。

② **日历寿命** 日历寿命是指电池在实际使用条件下，经过特定的使用工况，达到寿命终止条件（一般为容量衰减到80%）的时间跨度。

一般来说日历寿命更具有实际意义，但日历寿命的测算比较复杂，所以一般电池厂家仅仅提供在实验条件下循环寿命的数据。

（11）电池一致性

同一规格型号的电芯在成组后，电池包或者电池模组在电压、容量、内阻、寿命等性能上有很大的差别。

电芯制造出来后，由于工艺的问题，内部结构和材质不完全一致，本身存在一定性能差异。初始的不一致随着电芯在使用过程中连续的充放电循环而累积，再加上电池内部各电芯使用环境不同，导致电芯的状态产生更大的差异，这些差异在使用过程中逐步放大，在某些情况下某些电芯性能会加速衰减，并最终引发电池包或者电池模组失效。

除了要求在生产和配组过程中严格控制工艺和尽量保持电芯的一致性外，目前行业普遍采用带有均衡功能的电池管理系统来控制电池组内电池的一致性，即通过充放电使各个电芯的电压偏差保持在预期的范围内，以延长电池包或者模组的使用寿命。

(12) 化成

电芯制成后, 需要对电芯进行小电流充电, 将其内部正负极物质激活, 在负极表面形成一层钝化层, 也叫SEI膜 (英文全称 "Solid Electrolyte Interface"), 使电池性能更加稳定, 这一过程称为化成, 电池经过化成后才能体现其真实的性能。

化成之后电池的分选过程能够提高电池组的一致性, 使最终电池组的性能提高, 主要通过测量化成之后电池的容量来进行合格电池的筛选。

锂离子电池首次充放电过程中, 电极材料与电解液在固液相界面上会发生反应, 形成一层覆盖于电极材料表面的钝化层, 它是锂离子的优良导体, 锂离子可以经过该钝化层自由地嵌入和脱出, 这层钝化层被称为"固体电解质界面膜", 简称SEI膜。

一方面SEI膜的形成消耗了部分锂离子, 降低了电池的容量, 另一方面SEI膜能有效防止除了锂离子外的其他溶剂分子的嵌入, 因此提高了电极的循环性能和使用寿命。

3.3
动力电池的关键技术

3.3.1 经得起火炼, 耐得住严寒——电池热管理技术

一般来说, 锂离子电池在20～30℃工作最佳, 但电池面对的环境往往

更加复杂，最低达到﹣30℃，最高则达80℃甚至更加严苛的温度。这个时候，动力电池的热管理系统就发挥了关键作用，它是保证电池使用性能、安全性和寿命的关键。

动力电池热管理主要分为三个内容。

a. 在电池温度较高时进行冷却，保证电池寿命，防止电池发生失火风险。

b. 在电池温度较低时进行加热，确保电池低温下的充电性能和安全性。

c. 对电池系统进行保温，提高电池热管理效率，减少热管理能耗。

（1）冷却

电池温度过高，会造成电池循环寿命降低，同时电池在充放电过程中也会发出大量的热，存在失火的风险，电池冷却系统对于保证电池寿命和安全性至关重要。

按照冷却方式划分，电池冷却可以分为风冷和液冷两种方式。

其中，风冷又分为被动风冷和主动风冷，如图3.8所示，图3.8（a）为被动风冷，利用电动汽车与空气的相对运动，将外界空气引入到电动汽车内部，与电池包的外壳以及内部零件进行换热，使电池降温。

相比于被动风冷，主动风冷增加了一个风扇，通过风扇将空气引入电池包的内部，对电池进行降温，如图3.8（b）所示，主动风冷的效率会高于被动风冷。

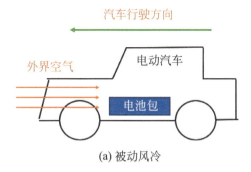
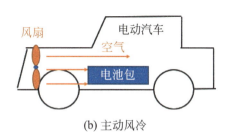

图3.8　动力电池被动风冷和主动风冷

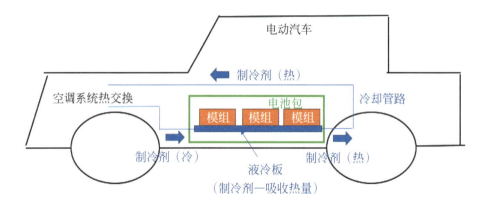

图3.9 动力电池的液冷系统

图3.9所示为动力电池的液冷系统，电池主要由模组组成，模组里面的电芯是电池发热的主要来源，电池的液冷系统一般会在电池模组底部安装液冷板，里面是制冷剂的流道，流有制冷剂，制冷剂会与模组里面的电芯接触，吸收热量并通过冷却管路将热量带到电池包的外部；同时制冷剂会与汽车空调系统进行热交换，降温后的制冷剂再通过冷却管路留回电池包内部重新吸收热量，形成一个循环，使电池降温。

相比于风冷系统，液冷系统的制冷剂直接与电池的发热部件电芯接触，冷却效率会大大提高，目前大部分的动力电池都采用液冷的方式进行冷却，少部分电池（电池能量和尺寸较小）采用风冷的方式给电池降温。

（2）加热

动力电池在低温时，放电功率会逐步降低，同时低温充电时，锂离子容易在电芯负极形成锂结晶，锂结晶沉积会刺穿电芯隔膜而造成电池内短路，引发安全事故。

为了避免这样的事故出现，在低温时需要对动力电池进行加热。目前采用的比较主流的加热方式正好与液冷相反，如图3.10所示，利用液冷系统，当电池需要加热时，制冷剂会与空调系统进行热交换，被加热的制冷剂通过冷却管路流入电池包内部，放出热量使电芯升温，从而实现电池的加热。

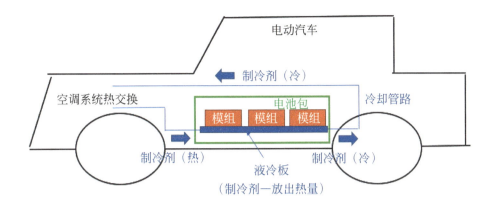

图3.10 动力电池加热

（3）保温

动力电池在高温时需要冷却，在低温时需要加热，对电池进行必要的保温，能够降低电池冷却或加热时的能耗，提高电池热管理的效率。

目前电池的保温一般都是采用保温材料，将其贴附在电池壳体或者模组壳体的内部，以降低电池与外界环境不必要的热交换。

3.3.2 电池这么重要，如何保证安全

如何保证动力电池的安全，是电动汽车最基本和最重要的话题，本节从设计的角度分别介绍电芯、模组、电池系统如何进行安全设计。

（1）电芯的安全设计

电芯的安全设计主要包含原材料选择和壳体设计两个方面。

① 原材料的选择

a. 正极材料：正极材料对电池的安全影响至关重要，目前锂离子电池的正极材料主要采用三元材料和磷酸铁锂两种，主要关注正极材料本身的热稳定，以及与电解液之间的界面稳定性。

b.负极材料：锂离子电池的负极材料主要采用石墨材料（包括人造石墨、天然石墨和硅碳复合石墨三种），需要改善负极材料与电解液界面的稳定性，减少与电解液的副反应。

c.隔膜：隔膜的作用是将正负极进行隔离，同时提供锂离子的转移通道。隔膜材料需要具有足够的热稳定性、低收缩性、高穿刺强度、高绝缘性和机械稳定性，一般采用聚烯烃类材料。

d.电解液：电解液的主要作用是在正负极间进行锂离子的传输，电解液需要在正负极的表面形成稳定界面，目前一般采用六氟磷酸锂为电解质。

② **壳体的设计** 电芯的壳体需要保证强度和良好的密封，防止电解液泄漏。目前圆柱电芯和方型电芯采用镀镍钢或者铝的壳体，并在壳体上设置有泄压等安全保护装置，软包电芯主要采用铝塑多层膜做壳体包装。

（2）模组的安全设计

首先模组需要能够承受外部的挤压、振动、冲击等，电池模组应避免尖角设计，在模组边缘或者表面控制毛刺，在表面特别是电气连接部位需要做防腐处理。

其次，电池模组需要考虑防火、阻燃和绝缘的要求，一旦电芯发生热失控，模组能够耐受高温和高压的冲击，防止人员触电。

模组的设计还应保证内部电芯具有足够的散热面积，保证电芯与热管理系统间的热量传递能满足电池冷却和加热的需求。

需要注意的是，电芯在使用过程中由于不断充放电会发生膨胀，模组的设计应根据电芯的性能，合理预留膨胀的空间。

（3）电池系统的安全设计

与模组一样，电池系统需要能够承受外部的碰撞、底部石击、振动等。

对于碰撞，需要考虑电动汽车各个方向的冲击；对于振动，由于电池系统的激励源主要是电动汽车行驶中路面的不平造成的，路面的激励频率大部分都集中在低频，因此，电池系统在设计过程中需要提高电池系统的整体固有频率。

电池系统还需要做到防水、防尘、防腐以及绝缘，要保证各个连接系统的可靠和稳定，高压部件一般需要接地。

因电池系统的重量占据了电动汽车很大一部分重量，直接影响到电动汽车的能耗以及续航里程，因此电池系统也需要进行轻量化设计。

3.3.3 电池的生产和组装

电芯是电池最基本的单元，一颗颗电芯组成一个模组，多个模组再组成电池包。那么，电芯是如何被生产和制造出来的？它们又是如何组成模组进而组成电池包的？

（1）电芯的生产和制造

无论是圆柱、方形还是软包电芯，都主要由正极、负极、隔膜和电解液四个部分组成，它们封装在壳体（圆柱电芯和方形电芯）或者铝塑膜（软包电芯）中，如图3.11所示。

电芯的制造过程，其实就是把这四个部分有机地结合在一起的过程，如图3.12所示。

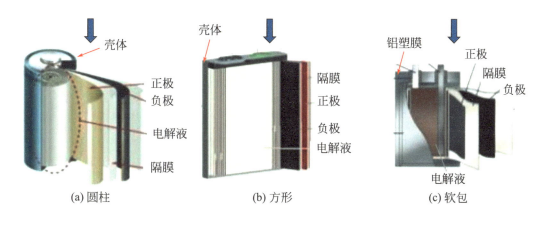

图3.11 电芯的组成

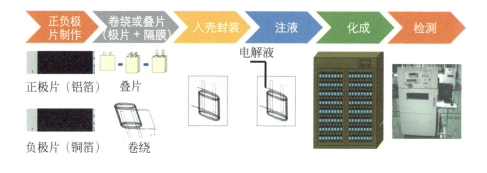

图 3.12 电芯的制造过程

电芯的制造一般分为正负极片制作、卷绕或叠片、入壳封装、注液、化成、检测六个步骤。

① **正负极片制作** 对于正极片,将含锂的化合物、导电剂、胶黏剂等混料涂覆铝箔上,制成正极片;对于负极片,将石墨、导电剂、胶黏剂等混料涂覆到铜箔上,制成负极片。

② **卷绕或叠片** 将裁切后的正负极片与隔膜一起,通过卷绕或者叠片的方式,有规则地重叠在一起,称为"裸电芯"。

③ **入壳封装** 入壳封装指将裸电芯装入电池壳体中,通过焊接等进行封装。

④ **注液** 注液指将电解液注入壳体中,并将电芯完全封住。

⑤ **化成** 化成指通过充放电的方式将电芯内部的正负极物质激活。

⑥ **检测** 检测指对电芯进行绝缘、焊接、容量、电压、内阻等测试。

制造好后的每一颗电芯一般都具有单独的二维码,记录着出生日期、制造环境、性能参数等。

(2) 模组和电池包的组装

将制造好的电芯进行筛选和分类,将一致性好的电芯通过等离子清洗、表面涂胶、焊接等工艺串联或者并联起来,再加上保护壳和电芯监控装置,便制成了电池模组。每一个模组一般都有自己固定的识别码,出现问题可以实现全过程的追溯。

最后一步，将经过下线测试的一个个电池模组，与电池的热管理部件集成在一起，固定在电池壳体上，再将电池管理系统BMS、线束、高压接插件等连接在一起，最终生产出电池包。

3.4 动力电池的使用和维护

电动汽车充电时电池需不需要充满，快充伤电池吗？动力电池作为高压部件，应该如何存储、如何运输、又应该如何保养和维修？本小节我们来回答这些问题。

3.4.1 认识电池充电动机理，学会科学充电

（1）锂离子电池的充电动机理

锂离子电池的充放电过程，本质是锂离子在正负极间不断脱嵌和嵌入的过程，同时伴随着等量电子的嵌入和脱嵌。

锂离子电池的充电过程如图3.13所示。充电时，电池的正极有锂离子生成，生成的锂离子经过电解液运动到负极，并嵌入其中，嵌入负极的锂离子数量越多，充电的容量就越高，锂离子在正负极间运动速度越快，充电也就越快。

特别地，快充时，锂离子需要加速瞬时嵌入到负极，这时候负极会出现副产物，这

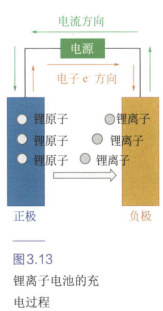

图3.13
锂离子电池的充电过程

会影响电芯的循环性和稳定性，另外电池内部的散热速率也是影响充电性能的重要因素，如果散热速率慢，充放电累积的热量无法传递出去，会影响锂离子电池的可靠性和寿命。

因此快充技术的核心就是在不影响电芯寿命和可靠性的前提下，通过化学体系和设计优化，加速锂离子在正负极的移动速度。

（2）锂离子电池如何充电

现在我们来回答本节开始时提出的问题，电池充电需要充满吗？快充会伤电池吗？

锂离子电池有一个有效容积，一般容量达到95%就达到了有效容积，也就是这时锂离子嵌入负极的数量基本达到了饱和状态，继续充电效率会很低。如果每次都让电池充满，电池会处于一个满负荷的工作状态，长此以往会让电池很"疲惫"，影响电池的使用寿命，和"人吃饭只吃八分饱"是一个道理，因此每次充电让电池充到八九成，会使电池运行在健康的状态。

针对快充，每一个电池都存在着健康的充电区间。充电区间主要取决于电池的温度以及荷电状态（SOC）。一般快充电池的化学体系都经过了优化，其"健康充电区间"会比一般的慢充电池大，所能承受的充电电流也比慢充电池大，如果强制将慢充电池用于快充使用，会使慢充电池的寿命大大缩短；从另外一个角度讲，在对电池进行快充时，需要注意电池的健康充电区间，在此范围内进行快充，就没有问题。

3.4.2 电池的储存、运输、保养以及维修

（1）电池的储存

电池应该储存在干净、干燥、防火、绝缘且具备消防安全的场地，储存场地应该具备温度和湿度控制以及监控。

长期存放时，电池系统电量要处在适当状态，并定期进行深度充放电，存放场地远离热源、化学腐蚀等。

（2）电池的运输

首先，电芯和模组属于危险品，其运输包装应符合防水防潮的要求，必要时应该在包装袋中加干燥剂除湿；运输时，必须牢靠固定在运输装置的内部，运输的环境温度最好有监控，特别要避免电芯和模组受到挤压，且已经完全放完电（SOC＝0）。

其次，电池包的运输包装应符合防潮防振的要求，电池系统所有的接口需进行独立保护，设置绝缘阻燃防护罩，防止发生碰撞和短路，确保接口处无金属部分裸露，在运输过程中应避开易燃、易爆、易腐蚀的危险品。

（3）电池的保养

为保证动力电池的安全运行，一般要对电池进行定期的保养和检测，检测内容包含一致性检测、气密性检测、绝缘检测、外观检测、故障码检测、冷却系统检查与维护等。

电池应该进行正确的充放电。如果电池荷电状态SOC低于10%，就应充电。如果低于5%，应尽快充电，否则电池过放电会影响电池的使用寿命，充电充到80%～90%就行，使用快充时，还应该注意电池的健康充电区间。

其次，电动汽车长期静置时，由于电池自身的自放电特性，需要定期对电池进行充电。一般充至荷电状态SOC大于50%，表3.4为电动汽车电池荷电状态SOC与对应的静置时间，以供参考。

表3.4 动力电池荷电状态与电动汽车对应的最大静置时间

电池荷电状态SOC	电动汽车最长静置时间（参考）
＞40%	3个月
20%～40%	2个月
10%～20%	1个月
5%～10%	20天
＜5%	7天

（4）电池的维修

动力电池是高压部件，因此需要有从业资质的专业人员在干净、干燥、防火且具备消防安全和相关警示的专业场地进行维修。

维修的时候需要佩戴绝缘手套，穿绝缘鞋，断开高压母排，将电压降至60V以内，一般使用有尖锐或锋利边缘的工具。

3.5 动力电池的市场

3.5.1 动力电池在我国发展一览

（1）整体情况

整体来说，我国的动力电池市场是随着电动汽车市场的增长而不断增长的，如图3.14所示。

图3.14 我国电动汽车历年销量及动力电池装机量

2018年，我国电动汽车的销量约为125万辆，同比2017年增长了62%；而对应动力电池装机总电量达到了57GW·h（1GW·h，即10亿瓦时），同比2017年增长了57%。

据统计，在这125万辆电动汽车中，乘用车约为101万辆，对应的动力电池装机量约为33GW·h，商用车（包括客车和专用车）约为24万辆，对应的动力电池装机量约为24GW·h。

（2）三元材料和方形电池占主流

三元材料锂电池和磷酸铁锂电池都得到了广泛的应用，三元材料锂电池仍然是主流，装机量占比超过了一半，磷酸铁锂电池占比为39%，如表3.5所示。其他类型的锂离子电池，如锰酸锂电池在商用电动汽车中有少量应用。

表3.5　不同化学体系的锂离子电池2018年在我国装机量及市场占比

化学体系	2018年电池装机量/GW·h	市场占比
三元材料	31	54%
磷酸铁锂	22	39%
其他	4	7%

在57GW·h的动力电池装机量中，方形电池占据了主流，达到74%，圆柱和软包电池占比分别为12%和14%，如表3.6所示。

表3.6　不同封装形式的锂离子电池2018年在我国装机量及市场占比

封装形式	2018年电池装机量/GW·h	市场占比
方形	42	74%
软包	7	12%
圆柱	8	14%

（3）头部效应愈加凸显

如表3.7所示，2018年动力电池装机排名前十的企业分别为：宁德时代、比亚迪、国轩高科、力神、孚能科技、比克电池、亿纬锂能、国能电池、中航锂电和卡耐新能源。

表3.7 2018年我国动力电池厂商装机量前十

排名	企业名称	2018年电池装机量/GW·h	市场占比
1	宁德时代	24	50%
2	比亚迪	11	24%
3	国轩高科	3	7%
4	力神	2	4%
5	孚能科技	2	4%
6	比克电池	2	4%
7	亿纬锂能	1	3%
8	国能电池	1	2%
9	中航锂电	1	2%
10	卡耐新能源	1	1%

这前10家动力电池企业，其装机量总量约为47GW·h，占2018年全年装机量的比例达到83%，而据不完全统计，目前我国有大大小小近百家动力电池企业，也就是排名在后90名的企业只拥有17%的市场占有率，行业集中度十分明显。

特别地，排名前两名的企业宁德时代和比亚迪，2018年贡献了行业内74%的份额，远远甩开了其身后的其他八家企业；而它们17年的市场占比总和仅为44%，一年时间，强者恒强，头部效应愈加凸显。

可以预计，今后动力电池市场将会呈现出两家独大的局面，前十的竞争将会愈发激烈，而大部分的动力电池企业将会在这场竞争中被淘汰出局。

3.5.2 世界各国争相发展动力电池

据统计，2018年全球动力电池装机量约为106GW·h，同比增长

56%，市场份额主要集中在来自中国、日本和韩国三个亚洲国家的电池企业中，其全球市场份额占比达到了65%，如表3.8所示。

表3.8 2018年全球电池厂商装机量排名以及市场占比

排名	电池企业	国家	装机量/GW·h	全球市场占比
1	宁德时代	中国	24	23%
2	松下	日本	22	21%
3	比亚迪	中国	11	10%
4	LG化学	韩国	8	8%
5	三星SDI	韩国	4	4%

由于锂离子电池技术壁垒高，产品迭代速度快，每个企业都有各自特殊的优势，其竞争也异常激烈。

宁德时代是我国本土企业，主要产品是方形电池，立足中国市场，凭借过硬的产品品质赢得了宝马汽车的认可，是国内第一家给国际车厂配套的动力电池企业。不过目前其客户还是以中国本土车企以及合资厂为主，正在进一步开拓欧洲业务。

比亚迪主要依托于集团自身电动汽车的发展，电池以自供为主，但它已经开放了之前封闭的动力电池产业链，对外寻求与其他车企更多的合作。

日本的松下，深度绑定特斯拉，其圆柱电池装机量90%都供给了特斯拉，随着特斯拉的销量不断创新高以及国产化进程的推进，会给松下带来更大的业绩贡献。

韩国LG化学和三星SDI深耕欧美市场，特别是LG化学，其客户遍布全球，分布广，且均为国际知名车企，客户资源远优于国内企业，加上其十多年来自身在材料领域的积累，其软包电池技术水平处于全球领先的地位。

在国家层面，由于中国动力电池的白名单机制，韩系和日系电池企业在前期都被排挤出了中国市场。不过目前这个政策已经改变，中国市场开始接纳外资企业，这使得中国本土车企在选择动力电池供应商时，会考虑更多的可能性。

全球动力电池竞争目前还是集中在中、日、韩三个国家电池厂商之间的竞争,但是这个局面也正在改变。

特别是欧洲的政府和欧洲电动汽车企业,不愿动力电池受到亚洲供应商的控制,已经达成共识,将建立自己的动力电池供应商,德国与法国政府也已经宣布,将拿出巨额资金扶持欧洲动力电池供应商的发展。

动力电池是电动汽车的核心,其竞争不仅是电池企业之间,也在各个车企之间,同时也是各个国家间的角力点,未来动力电池全球的竞争也会变得更加复杂、更加激烈。

3.5.3 一张图看懂电池的产业链

图3.15所示为动力电池上中下游产业链。

动力电池的上游主要是材料部分,包括了镍、钴、锰、锂等矿产,也包含了组成电芯的正极材料、负极材料、电解液、隔膜和电芯壳体等。

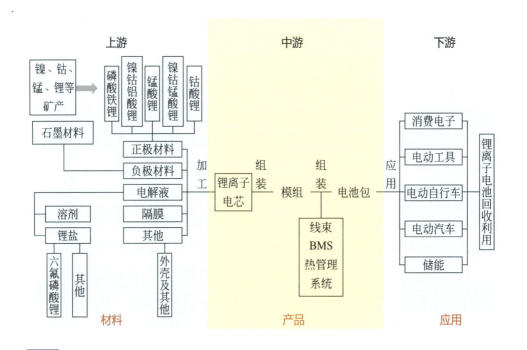

图3.15 动力电池产业链

中国的锂资源比较丰富,但钴资源很匮乏。钴集中分布在刚果和澳大利亚。对镍、钴、锰、锂等原材料矿产进行开采和提取,制成正极材料所需要的磷酸铁锂、三元材料等基体。而石墨材料主要用于负极材料制备,电解液由一定比例的有机溶剂和电解质锂盐(六氟磷酸锂)为原料配制而成。

需要指出的是,隔膜是技术壁垒较高的多孔材料,目前主要掌握在日韩企业手中。

 拓展

我国在正负极、电解液上的技术已经相对成熟,市场份额占比较高,但隔膜却受制于技术水平,仍较为依赖进口。

目前隔膜的生产方法主要有干法和湿法两种。干法工艺主要是将聚烯烃树脂熔融,经挤出、结晶、高温拉伸等,从而形成多孔薄膜;湿法工艺为最近几年才兴起的技术,主要是将液态烃或一些高沸点小分子物质与聚烯烃树脂混合后熔融,经挤出、拉伸、萃取等工艺制备出的相互贯通的微孔膜。湿法膜工艺与干法膜工艺相比流程更加复杂,也更适用于大功率、高容量的电池。

我国在干法膜领域基本实现国产替代,但在湿法膜方面由于技术限制,与国际水平相距较大。

动力电池的中游主要是产品部分,包含了电芯的制备和封装,电芯组装成模组,最终模组与线束、电池管理系统BMS、热管理系统等部件组装成电池包。

动力电池的下游是应用领域,除了电动汽车用,锂离子电池还广泛地应用于消费电子、电动工具和储能等领域,使用后的锂离子电池可以进行回收和梯次利用。

3.6 动力电池的未来

3.6.1 废旧电池如何回收

我国从2009年开始推广电动汽车至今,第一批电动汽车运行早已超过了20万千米,如果按照动力电池的报废年限为5~8年,那么动力电池已经到了报废期。那么这么多的废旧电池应该如何处理,它们环保吗?

事实上,锂离子电池不含镉、铅、汞等有毒有害元素,相对来说对环境危害较小。

锂离子电池特别是正极材料中镍、钴、锰等贵金属元素价值不菲,而电动汽车基于安全和性能等原因,在电池使用一段时间后(电池容量衰减至70%~80%左右)将进入报废,报废电池还有大量残余的能量没有利用,因此,对动力电池的回收显得十分有必要。

目前回收主要采用梯次利用和再生处理的方法,如图3.16所示。

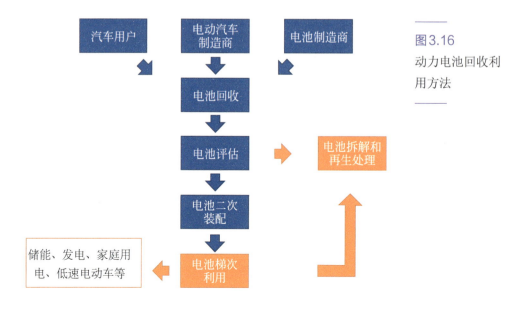

图3.16 动力电池回收利用方法

废旧电池主要从汽车用户、电动车制造商以及电池制造商而来，通过回收，第一步对其进行评估和检测。

对于有高能量残余和性能比较稳定的电池，进行二次装配，将其进一步应用在储能、发电、家庭用电、低速电动车等领域，即梯次利用。

而对于经过检测不合格或已经损坏的电池，进行物理化学拆解和再生处理，回收电池里面的原材料。

目前，电池回收领域还存在着回收网络建设不健全、盈利模式不清晰、回收技术水平低等问题，我国已经制定了大量的政策来加快和促进动力电池的回收。随着电动汽车逐步推广，预计到2020年锂电池的累计报废量将达到7万吨左右，电池回收市场的规模会达百亿元级别。

3.6.2 电池的技术发展路线图

鉴于动力电池在电动汽车产业中的重要地位，中国、日本、美国、德国等国家纷纷制定了动力电池的规划。我国在2017年制定了动力电池的技术发展路线图，以能量密度、成本、寿命作为主要指标，纯电动汽车和插电式混合动力汽车分别制订了动力电池的目标，如表3.9和表3.10所示。

表3.9 纯电动汽车动力电池发展目标

主要指标	级别	2020年	2025年	2030年
能量密度/ (W·h/kg)	电芯	350	400	500
	电池包	250	280	350
循环寿命/次或年	电芯	4000次/10年	4500次/12年	5000次/15年
	电池包	3000次/10年	3500次/12年	4000次/15年
成本/[元/(W·h)]	电芯	0.6	0.5	0.4
	电池包	1	0.9	0.8

表3.10 插电式混合动力汽车动力电池发展目标

主要指标	级别	2020年	2025年	2030年
能量密度/（W·h/kg）	电芯	200	250	300
	电池包	120	150	180
循环寿命/次或年	电池包	3000次/10年	4000次/12年	5000次/15年
成本/[元/（W·h）]	电芯	1	0.9	0.8
	电池包	1.5	1.3	1.1

如何实现这些目标？图3.17综合了各大电池厂商的技术路线。

正极材料：高镍化、高压化、富锂化是正极材料的发展方向，会不断提高正极材料中镍的含量，同时也要提升安全性和循环稳定性，预计在2025年会采用富锂锰基材料，进一步提高能量密度，降低成本，改善材料的安全性和稳定性。

负极材料：目前最广泛应用的是石墨材料，之后会逐步采用硅-碳负极，以提高容量、循环性能，并降低成本。

隔膜：目前国产隔膜在耐高温、孔隙率、机械强度等关键指标上与进口隔膜还有差距，2020年的发展目标是规模化生产高品质的PE（聚乙烯）和

图3.17 动力电池发展主流技术路线

PP（聚丙烯）隔膜，在2025年开发出新型复合隔膜。

电解质：2020年仍然采用单一锂盐六氟磷酸锂，2025年会采用复合锂盐，以提高导电率，提升安全性，到2030年达到固态电解质。

3.6.3　下一代电池技术——全固态电池

全固态电池是指电池的正负极之间没有液态电解液的电池。对于当前的锂离子电池，液态的电解液作为锂离子在正负电极间往返的媒介，而全固态电池就是将液态电解液变为固态，同时锂离子也可实现正负极间的往返。举个形象的例子，全固态电池相当于使锂离子往返路径从水上通道（液态电解质）变为了路上通道（固态电解质）。

为何要称为全固态电池？目前市面上有宣称固态电池研发成功甚至量产，实际上这种类型的电池是在液体电解液里面加了一些固态电解质，或者是在固态电解质里面加了有机电解液，严格意义上来讲，不能称为固态电池，这里强调电解质是完全固态的。

相比于液态电解质电池，全固态电池具有天然的优势：

a.不会因电解液泄漏或挥发而引起电池起火等安全事故，同时采用不可燃的固态电解质替换了具有可燃性的液态电解质，电池安全性大幅提高。

b.能实现快速放电。

c.可以采用之前因电解液溶解而不能使用的高电压正负极材料，从而大幅提高电池的能量密度。

d.电池自放电大幅降低。

e.电池设计自由度增加，相同容量下电池变得更加轻巧。

f.由于固态电池内部不含液体，可实现电芯内部的多层化设计，大大减少了电池组装壳体等用料，进一步为电池减负。

目前，技术层面上全固态电池还需要解决两个难题：

a.当前固态电解质可以分为固体聚合物、氧化物、硫化物三种体系，但无论哪一种体系，离子电导率还远低于液态电解质。离子电导率即锂离子的通过率，直接决定了锂离子在正负极之间运输的通畅性。

b.固态电解质有很高的界面阻抗，传统液态电解质与正负极的接触方式为液/固接触，界面湿润性良好，界面之间不会产生大的阻抗，而固态电解质与正负极之间以固/固界面方式接触，接触面积小，紧密性更差，因此界面阻抗较高，会影响锂离子在界面之间的传输。

全固态电池是最有希望实现量产的下一代电池技术，这也成为了产业界与科学界的共识，无疑也是全球众多科研机构、车企、电池厂商以及国家关注和抢夺的高地。

第4章

电动汽车的购买和保养

4.1 一张图看懂电动汽车产业链

如图4.1所示，可以简要地将电动汽车的产业链分为：上游，原材料；中游，以三电为核心的系统和零部件；下游，应用和后市场三个部分。

可以看到，处于中游的动力电池、电控系统、电驱系统构成了整个产业链的核心，而传统燃油汽车产业链则以发动机为核心。

"三电"系统组成了电动汽车动力总成部分，它们与底盘、车身等部件一起组装成了电动汽车。

"三电"向上为上游的原材料领域，"三电"向下为下游的应用领域以及汽车后市场。

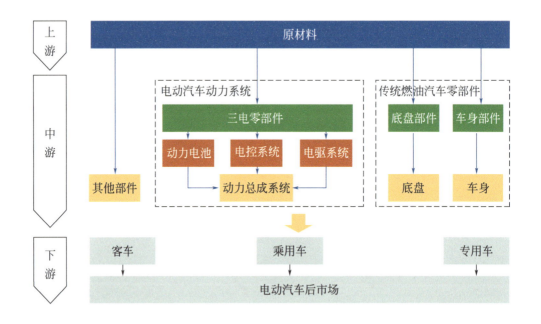

图4.1 电动汽车产业链

（1）动力总成

图4.2所示为电动汽车产业链的动力总成。

动力电池原材料来自上游的镍、钴、锰、锂等矿产，通过它们制成了电芯所需要的正极、负极、电解液、隔膜等部件，电芯生产出来后，组装成模组，模组再与其他部件（电池管理系统、冷却系统等）组装成动力电池。

电控系统主要包含了整车控制器、电池管理系统和电动机控制器，它们本质上都是由来自上游的硬件和软件组装出来的。

驱动电动机原材料来自上游的稀土矿产以及钢材等，通过它们生产出了驱动电动机所需要的定子、转子及绕组等部件，驱动电动机生产出来后，再与传动机构（减速器等）和变换器组装成为电驱系统。

动力电池、电控系统、电驱系统组装成了电动汽车动力总成系统。

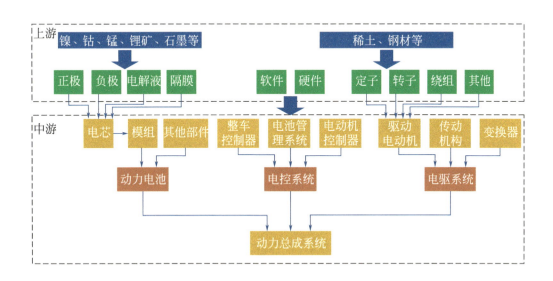

图4.2　电动汽车产业链的动力总成部分

（2）传统燃油汽车零部件

传统燃油汽车零部件部分主要包含底盘和车身，它们由图4.3所示的零部件组成，与电动汽车保持一致。

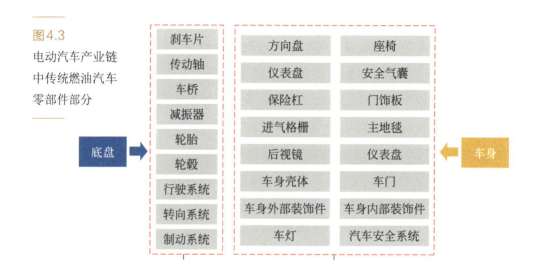

图4.3 电动汽车产业链中传统燃油汽车零部件部分

（3）下游

底盘、车身、动力总成系统再加上一些其他汽车附件，组装起来便成为了产业链下游的应用领域，包含了乘用车、客车以及专用车（如物流车等）三类电动汽车。

由这三类电动汽车衍生出了汽车后市场，如图4.4所示，包括和传统燃油

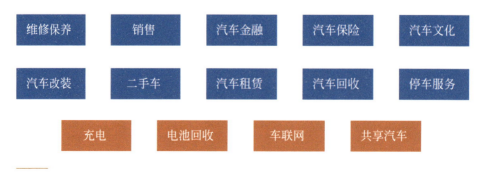

图4.4 电动汽车产业链的汽车后市场部分

汽车一致的维修保养、销售、保险、二手车等板块，也包含了电动汽车特有的充电、电池回收等板块。

产业链里面每一个小板块都有成千上万的从业者以及相关的企业，它们之间息息相关，组成了电动汽车市场有机的整体。

4.2 电动汽车的关键政策

为了推进电动汽车的发展和普及，全球汽车大国都制定了一系列政策，包含了强制法规、公共采购、财税激励等。本节我们为读者解读我国电动汽车的三个关键政策——电动汽车补贴政策、电动汽车生产资质政策以及双积分政策。

4.2.1 补贴退坡，电动汽车有何影响

从2009年起，我国开始对新能源汽车（主要为电动汽车）进行财政补贴，据初步统计，累计到2019年补贴金额已经接近1800亿元，如表4.1所示。

表4.1 我国对电动汽车的财政补贴统计

年度	补贴金额/亿元	数据来源
2009年～2015年	334.35	财政部《关于地方预决算公开和新能源汽车推广应用补助资金专项检查的通报》，2016年9月
2015年	30.01	根据工信部历年公布的新能源汽车推广应用补助资金审核进行汇总
2016年	503.21	
2017年	90.84	
2018年	500	相关机构测算
2019年	311	相关机构测算
总计	1769.41	

补贴的效果很明显，2015年我国电动汽车销量一举成为了世界第一，之后每年都保持大幅度增长。然而，多年的补贴也培养了一批竞争力不强而单纯依靠补贴的企业，劣币驱逐良币，造成了较恶劣的社会影响，长期的补贴并不利于整个行业长久和健康发展。

（1）补贴退坡

从2018年开始，对电动汽车的补贴开始退坡，特别是到了2019年，退坡幅度平均达到50%，且所有的地方补贴取消（新能源公交和燃料电池汽车除外），最终目的是在2020年底完全取消补贴。

以2019年纯电动乘用车补贴方案为例，图4.5所示为2019年补贴方案和2018年补贴方案对比。

纯电动乘用车补贴 = 补贴基数 × 电池系数 × 车辆能耗系统			2018年	2019年	退坡幅度
	单位带电量补贴		1200元/kW·h	550元/kW·h	−54%
补贴基数 （两者取最小）	续航里程 R/km	$150 \leqslant R < 200$	1.5万元	0	−100%
		$200 \leqslant R < 250$	2.4万元	0	−100%
		$250 \leqslant R < 300$	3.4万元	1.8万元	−47%
		$300 \leqslant R < 400$	4.5万元	1.8万元	−60%
		$R \geqslant 400$	5万元	2.5万元	−50%
电池系数	电池能量密度 E/ （W·h/kg）	$105 \leqslant E < 120$	0.6	0	−100%
		$120 \leqslant E < 125$	1	0	−100%
		$125 \leqslant R < 140$	1	0.8	−20%
		$140 \leqslant R < 160$	1.1	0.9	−18%
		$R \geqslant 160$	1.2	1	−17%
车辆能耗系数	百公里电耗 Y 优于基准值的百分比	$0 \leqslant Y < 5\%$	0.5	0	−100%
		$5\% \leqslant Y < 10\%$	1	0	−100%
		$10\% \leqslant Y < 20\%$	1	0.8	−20%
		$20\% \leqslant Y < 25\%$	1	1	0
		$25\% \leqslant Y < 35\%$	1.1	1	−9%
		$Y \geqslant 35\%$	1.1	1.1	−9%

图4.5 2019年和2018年纯电动汽车补贴方案对比

纯电动汽车的补贴由三部分组成,补贴基数、电池系数和车辆能耗系数三者的乘积。

① **补贴基数** 在单位带电量(即每辆车搭载电池的能量)或者续航里程两个指标中选取最小补贴的数额,相比于2018年,单位带电量补贴从每度电1200元降到了每度电550元,退坡了54%,而续航里程从2018年的150km提高到了2019年的250km才能拿到补贴,且补贴数额平均退坡50%。

② **电池系数** 电池系数主要由搭载的电池能量密度决定,从2018年的105W·h/kg提高到了2019年需要大于125W·h/kg才能拿到补贴,且补贴数额平均退坡20%。

③ **车辆能耗系数** 车辆能耗系数主要是汽车百千米电耗优于基准值的百分比,基准值按照汽车重量计算出来,2019年的百千米电耗要求比2018年整体上提高了10%。

从补贴方案可以看出,补贴在退坡的同时,获取补贴的技术门槛也在不断提高。

(2)补贴退坡的影响

一方面补贴退坡幅度比较大,车企自身如果无法消化,那么电动汽车的落地价格也会继续上升,最终会转移到普通消费者身上来。

另一方面,随着电动汽车的技术不断成熟,这几年电动汽车的成本特别是动力电池的成本已经大幅下降,这样会抵消补贴退坡带来的影响,很多有实力的车企也会充分考虑到自身和市场环境,确保自己在补贴退坡的同时能有实力与其他车企竞争。从终端上来看,价格至少不会"涨太多"。

消费者除了关注补贴和限购限行政策外,其实电动汽车产品的本身才是核心,补贴的退坡有利于刺激车企推出更具有竞争力的产品,优胜劣汰,消费者能花一样的钱能买到更好的产品,从长远来看,补贴退坡对车企和消费者都有好处。

4.2.2 不是所有车企都能生产电动汽车

工信部在2017年发布的《新能源汽车生产企业及产品准入管理规定》和发改委在2018年发布的《汽车产业投资管理规定》这两项规定，在业内被称为新能源汽车（电动汽车）的"双资质"，也就是在中国境内生产和销售电动汽车的企业，需要满足这两项准入规定。

两项规定侧重不同，发改委主要负责车企生产项目的审批，而工信部则对其所生产的车型能否进入产销目录进行审核。据统计，目前仅有不到20家企业获得了"双资质"。

 拓展

申请资质对于多数车企来说并不是容易的事，在没有资质的情况下，很多车企会"另辟蹊径"，选择代工合作或者收购有资质的车企来造车，如蔚来汽车选择了江淮代工，小鹏汽车选择了海马代工，威马汽车选择了购买资质自主造车等。

（1）满足什么样的要求才能获得双资质？

针对发改委的规定，对于新建的纯电动汽车的企业，要求如下：

a.所在地区的年度汽车产能利用率需高于行业平均水平，已有的新建电动汽车企业已经量产且达规模。

b.企业需要具备研发团队、研发能力和试验能力，其产品的主要指标需要达到行业领先水平，拥有发明专利和核心知识产权以及产品售后服务保障。

c.需要有连续资金支持和相关担保。

d.建设规模乘用车不低于10万辆，商用车不低于5000辆。

针对工信部的规定，主要分为生产企业和产品准入两个部分：

a.对生产企业提出了研发机构、生产能力、制造技术等17项审查要求，都需要进行现场考核并且需要审核通过。

b. 产品准入主要对电动汽车的三电系统、整车安全等提出了39项检查标准，都需要满足相关国标的要求。

（2）为何生产和销售电动汽车需要有相关资质？

近几年随着国家政策利好，电动汽车发展十分火热，传统车企争相投资和转型，也涌现出了很多原来不是这个行业的"新造车势力"，出现了大量的盲目投资以及劣质产能过剩的问题。对电动汽车进行生产和产品准入管理，可以使行业准入门槛提高，将一些机制不健全的僵尸企业淘汰，同时对一些优秀的企业进行重点扶持，有利于行业长远的发展。

4.2.3 解读"双积分"

2017年9月份工信部发布《乘用车企业平均燃料消耗量与新能源汽车积分并行管理办法》，简称"双积分政策"，是我国推进电动汽车发展的关键政策之一。

（1）双积分的背景

为了达到汽车节能减排的目的，国家政策上主要从两个方面进行发力：

a. 针对传统燃油汽车，实施《企业平均燃料消耗量水平》的政策，规定到2020年乘用车的平均油耗需要降低到5L/100km，到2025年进一步降低到4L/100km的目标。

b. 针对电动汽车，实施单独的财政补贴政策。

而随着电动汽车补贴逐年退坡，为了承接2020年底补贴全面退出，防止车企的电动汽车产销量出现断崖式下滑，采用了将传统燃油汽车油耗政策与电动汽车的财政政策结合起来的手段，引导新能源积分不足的车企向新能源积分丰裕的车企购买积分，从而实现"国家财政全面补贴"向"落后者向领先者交钱的小范围补贴"的转移。

其实"双积分"并不是一个新的东西，该政策最早起源于美国加州。美国加州从1990年开始实施零排放汽车政策，强制汽车企业必须生产一定比例的新能源汽车，企业可以通过生产各种电动汽车来满足要求，或者通过购买其他企业的富余新能源积分来获得，否则会按积分向加州政府缴纳一定数额美元的罚款。

（2）双积分的主要内容

我国的双积分政策，本质上跟美国加州政策是一样的。如图4.6所示，图4.6（a）为油耗积分；图4.6（b）为新能源积分。

所有年产量或进口量超过3万的车企，其生产和销售的汽车需要在2020年满足5L/100km的油耗目标，如果油耗达标则积油耗正积分，如果不达标则油耗负积分；与此同时，该车企在2020年生产的汽车中，需要有12%的车型比例为新能源汽车，如果比例达标则新能源正积分，如果不达标则新能源负积分。

其中，油耗正积分可以通过打折结转供次年使用或者在关联企业间进行转让，油耗负积分可以通过油耗正积分进行抵扣或者去购买新能源正积分；新能源正积分可以出售抵扣油耗或新能源负积分，新能源负积分只能通过购买新能源积分来满足。

油耗积分和新能源车积分二者独立计算。一家车企的积分为每款车型积

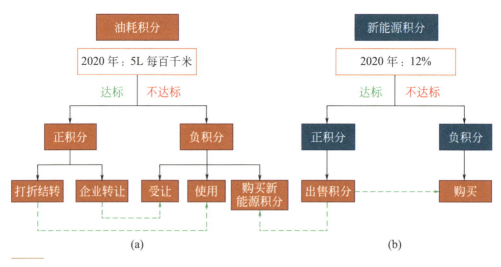

图4.6 我国双积分政策

分乘以销量，积分与油耗挂钩。最终，只有油耗积分与新能源积分都大于零才算达标，负积分没有被抵扣的车企，将无法申报和生产新的车型，并会受到相关惩罚。

我国工信部已经上线了双积分交易平台，企业可通过交易平台进行油耗积分转让、新能源积分的交易、提交负积分抵偿报告等工作。

这就是双积分政策的主要内容。双积分的目的是为了实现油耗降低和新能源汽车销量提高的双重目标。

表4.2为2018年我国乘用车双积分情况。

表4.2　2018年我国乘用车双积分情况汇总

	产量/万辆	平均油耗/（L/100km）	油耗正积分/万分	油耗负积分/万分	新能源正积分/万分
我国境内乘用车企（112家）	2219.61	5.74	979.52	−262.22	393.74
进口乘用车企（29家）	94.3	7.26	13.47	−32.91	9.79

4.3
电动汽车的辐射

电动汽车逐渐进入普通人的家庭，有些人担心电动汽车具有辐射，会对小孩和孕妇的健康不利。电动汽车真的会产生辐射吗？产生的辐射会危害健康吗？

能量以电磁波或者粒子的形式向外扩散，称为辐射。自然界的任何物体，只要温度在绝对零度（−273.15℃）以上，都会产生辐射，因此，辐射本身是一个中性词。

根据能量的高低和电离物质的能力，辐射可以分为电离辐射和非电离辐射两种类型，如图4.7所示。

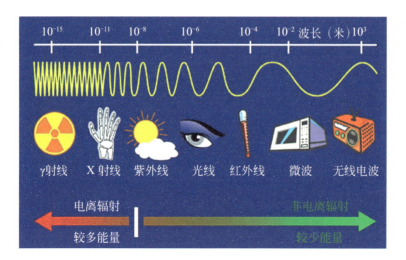
图4.7 辐射类型

非电离辐射能量比较低，波长较长，并不能使物质原子或分子产生电离，只会令物质内的粒子振动，如我们平时接触的紫外线、光线、无线电波等，对人体危害很小。电动汽车的辐射也属于非电离辐射。

电离辐射与之相反，其波长短、频率高、能量高，能使受作用物质发生电离，如宇宙射线、X射线和来自放射性物质的辐射等。电离辐射属于一类致癌物。

可以用磁场强度（单位：μT）和电场强度（单位：V/m）两个参数来衡量辐射的大小，根据世界卫生组织针对家用电器的电磁辐射安全标准，电场强度小于5000V/m和磁场强度小于100μT的辐射在安全范围之内。电动汽车最大的辐射来自高压动力电池，但其电场强度和磁场强度远远小于这个安全标准，如表4.3所示。

表4.3 动力电池与家用电器电磁辐射强度对比

电磁辐射	磁场强度/μT	电场强度/（V/m）
手机	0～60	40～50
手提电脑	0～30	45～55
某动力电池实测结果	（0～50）E-2	<0.002

实际上，电动汽车行驶过程中受到内外部的电磁干扰，会出现CAN总线通信异常、收音机噪声大、高压输出突然中断等现象，影响用户体验。

针对动力电池，会进行电磁兼容性测试（Electro Magnetic Compatibility，EMC），主要包含动力电池本身对外的电磁骚扰测试（EMI）和防止外部设备对动力电池的电磁干扰测试（EMS），只有通过测试的动力电池才能够搭载到电动汽车上。

因此，电动汽车无可避免地会产生电磁辐射，但不用担心，它对人体危害很小。

4.4 电动汽车的保养

虽然电动汽车和传统汽车驱动方式不同，但依然要进行日常的保养维护。

无论什么品牌的电动汽车，阅读随车手册和使用说明书是必须的。这些文件中标注了电动汽车重要产品如动力电池的信息，驾驶操作和建议，车辆的维护和保养，以及发生安全事故的应急处理办法，因此熟读这些文件十分必要。

这里列出了与传动燃油汽车不同但是又十分重要的电动汽车保养项目。

（1）高压线束以及相关连接器

高压线束外部一般包裹有鲜艳橙色波纹管保护套（图4.8）。电动汽车的高压系统（如动力电池、DC/DC、逆变器等）都是由高压线束连接的，工作电压上百伏，对高压线束的绝缘性、密封性、阻燃性要求很高，因此，保养电动汽车时，需要对高压线束进行检查。一般会检查线束的电缆与连接器插件之间是否松动、护套等防护是否完好、线束是否出现磨损、发动机舱等高温区域高压线束隔热材料是否脱落等。

建议定期对交直流充电插座和高压连接器进行清洁，插座或高压连接器经维修插拔后，需要保证插接到位，保养完成后整车上电，通过车载绝缘检测设备实施绝缘检测，如有绝缘故障及时处理。

图4.8 电动汽车高压线束

（2）动力电池

动力电池是电动汽车最重要的部件也是易损部件，是电动汽车保养的重中之重。动力电池一般置于电动汽车底盘的位置，保养时，会先移除动力电池维修开关，让整车高压下电，目视电池包是否有破损或者变形，之后会进行绝缘检查、接插件状态检查、检测紧固件等，然后使用相关软件对电池的电压、电量、温度、CAN通信状态等信息进行采集。

（3）驱动电动机以及电动机控制器

针对驱动电动机，在保养时需要先关闭整车低压电源和电动机控制器高压电源，检查电动机水冷循环系统有无泄漏防冻液现象，检查电动机壳体、三相高压连接铜排、密封圈等有无破损，若有破损需要更换驱动电动机。

电动机控制器为高压电器件，维修时，需由专业人员配备专业设备进行操作，电动机控制器从整车上拆下后，严禁进行拆解。

（4）其他注意事项

在清洗电动汽车时，不要对高压系统（如车载充电器、DC/DC变换器、逆变器、动力电池等）用水进行冲洗，避免进水绝缘失效后产生短路或起火。

在下雨天气时需要检查排气扇是否能够正常工作，避免在雷电天气或者雨天露天给电动汽车充电。

由于电动汽车采用高压电,在下列特殊情况下,必须进行专业的维修保养:

① 电动汽车浸水或长时间涉水;

② 电动汽车底部动力电池受到碰撞;

③ 电动汽车发生碰撞事故;

④ 故障灯亮起时。

最后,对电动汽车进行保养操作时会有触电风险,需要由专业人员配备专业设备在4S店或专业场所进行保养操作。

4.5 电动汽车十大疑虑解析

电动汽车正在逐渐进入和改变我们的生活,会变得更加智能、更加简单和更加可持续化,那么,现在是入手电动汽车的好时候了吗?

尽管国家和车企大力推广和宣传,但大部分人对于电动汽车似乎并不买账,还存在着很多疑虑。得益于技术的进步,有些问题其实已经解决了,本节针对公众对电动汽车十大常见的疑虑进行解析,供读者参考。

(1)电动汽车太贵了,买不起

相比传统燃油汽车,电动汽车的价格已经比较经济合算。近10年来,电动汽车最贵的部件动力电池的价格已经下降了80%,很多车企都针对电动汽车专门开发了相关的平台,目的是推出长续航里程和高性价比的电动汽车。再考虑到目前的补贴和相关的优惠政策,电动汽车的性价比还是不错的。

(2)充电桩不够

充电桩的数量正在以惊人的速度增长,这个数字每天都在增加,超市、酒店、停车场、公园等都在建设或者已经开始提供充电桩给客户使用。据国际能源机构 IEA 预测,到 2030 年,在全球范围内将安装多达 2000 万个公共充电点。我国的充电桩建设一直在稳定增长,2019 年 1～9 月,我国充电基础设施(公共+私人)增加了 30.7 万个,同比增长 38.2%,截至 2019 年 9 月底,全国累计充电桩已经达到 111.5 万个。

(3)电动汽车行驶距离太短

随着动力电池技术不断成熟,电动汽车续航里程问题基本已经解决。电动汽车充满电能行驶 400～500km 已经成为市场标配。随着充电设施的不断完善,驾驶电动汽车出行会越来越方便。

(4)电动汽车不安全

电动汽车对于安全事故特别是起火有保护和预警机制,一旦发生事故,动力电池会立即切断电流并立即通知驾驶员。电动汽车必须通过车企严苛的内部安全试验和国家强制安全法规多达上千项的验证,才能上市销售。动力电池的热失控试验,整车的碰撞试验等都是重点关注项目。电动汽车的安全性和传统燃油汽车相当。

(5)充电时间太长

随着动力电池技术的提升,目前充电时间已经大大降低,高功率的快充方式已经在市场上屡见不鲜。目前主流电动汽车基本能够实现 30min 充 80% 电量。续航里程为 600km 左右的特斯拉 Model 3,用超级充电桩充电 30min 可以获得约 270km 的续航里程。保时捷的首款纯电动汽车 Taycan,卖点之一就是提供 800V 350kW 的快充服务,是特斯拉现有超级充电桩功率的 3 倍,4min 就可以获得约 100km 的续航里程。大众计划全球兴建快速充电网络,并推出移动充电桩。保时捷、宝马、奔驰、奥迪以及福特等车企都在布局 350kW 大功率充电网络。

（6）电动汽车对电网有什么影响

大量电动汽车在无序充电情况下会增加电网负荷，给电网公司配电服务带来挑战。同时，电动汽车在某种程度上可以视为分布式的储能单元，电动汽车与电网中的储能设备、风能太阳能等可再生能源发电结合起来，灵活地在用电负荷和充电电源之间的进行角色转换，在用电高峰期向电网放电，在用电低谷期从电网充电，能大大提高电网利用率，能使电网负荷趋于平衡。

（7）电动汽车过于安静，对行人有危险

与传统燃油汽车相比，电动汽车没有发动机，非常安静，具有噪声低的优点。同时，为了保护行人，很多国家出台了法规，要求电动汽车配备低速行驶提示音系统，在车速很低时自动发出声音，向周围行人和道路使用者提示电动汽车的存在，防止行人被电动汽车撞到。此外，随着电动汽车越来越智能化，可以依靠车辆的感应雷达和摄像头来提醒驾驶员避让行人。

（8）电动汽车真的环保吗？

正如我们在第1章4.2小节中提到的，要客观和全面衡量电动汽车是否环保，应该从汽车全生命周期，包含汽车零部件的生产和制造、汽车的组装、能源的生产和运输、汽车的使用、汽车的报废以及回收和处理，去评价汽车二氧化碳的排放。全生命周期二氧化碳排放和车型有关，也和国情有关。不过从整体上来看，随着电池技术不断成熟，电力来源更加清洁，电动汽车的全生命周期二氧化碳排放要普遍优于同级别的燃油汽车。

（9）电动汽车的普及会引发失业潮吗？

据统计，生产电动汽车相较生产传统燃油汽车所需的劳动力会减少30%。电动汽车的普及势必会冲击传统的燃油、发动机等汽车行业，与此同时，生产电动汽车也需要更多的自动化、电子电气等领域的人才。相关企业和从业人员都需要积极转型，重新获取新技术，培养新的能力，而政府也需要制定全面的就业政策。

（10）驾驶电动汽车没有乐趣

电动汽车驾驶感受和传统燃油汽车不一样，但同样充满乐趣，特别是加速时，由于驱动电动机比发动机响应快，短时间能提供大转矩，因此会有很强的"推背感"。同时，传统燃油汽车最重的部件发动机一般安装在车头或者车尾，而电动汽车最重的部件动力电池一般布置在底盘下方，整车重心下降，提升了汽车的稳定性，降低车身在转向时的侧倾，因此具有更好的操控性。

4.6 典型电动汽车解析

谁是传统燃油汽车的颠覆者，谁引领着电动汽车新技术的潮流，谁是国内电动汽车的领军者？谁又是在外界冲击中屹立不倒的百年老店？本节我们介绍全球具有代表性的电动汽车制造商和它们旗下经典的车型。

4.6.1　重新定义电动汽车——特斯拉 Model S

（1）特斯拉"三步走"

美国的电动汽车制造商特斯拉已成为新兴电动汽车行业的主要参与者，于硅谷问世以来，特斯拉一直是以"重新定义电动汽车"自居。经过多年发展，特斯拉用全新的方式思考、设计、制造和经营汽车，通过惊艳的产品颠覆了人们对电动汽车的看法，也证明了它的理念。

扫码看
特斯拉 Model S
三电介绍

特斯拉的发展思路十分清晰，制订了"三步走"的商业计划：

a.生产小众的高端产品，向超级富豪推出高价而小批量的汽车，主要是为了吸引第一批目标顾客成为电动汽车的"铁粉"，向公众证明电动汽车可以达到甚至超越传统燃油汽车的技术水平。因此,特斯拉在第一步推出了Roadster。

b.生产中等价位、中等批量的电动汽车,面向更多相对富裕的消费者,主要目的是扩大公众对电动汽车的接受程度。因此,特斯拉在第二步推出了Model X 和 Model S。

c.生产更经济、更大规模量产的大众化电动汽车,主要面向普通大众,使中产阶级能够负担得起。因此,特斯拉在第三步推出了Model 3。

(2)大型豪华纯电动车——Model S

特斯拉比较有代表意义的车型Model S(图4.9)于2009年3月26日推出,定位于大型豪华纯电动车。特斯拉花了近3年时间,到2012年6月才开始交付。Model S的版本很多,按电池能量有60kW·h、70kW·h、75kW·h、85kW·h、90kW·h、100kW·h,按驱动类型分为后驱动和全驱动,截至2019年上半年,Model S全球总销量约为27.8万辆。

Model S自发布之初,其新颖和大胆的设计在当时就足够吸引眼球,前备厢功能、17寸的中控大屏、全铝车身、空中升级系统更新等。

Model S的"三电"系统:

① **动力电池** 动力电池是特斯拉核心专利之一,电池包位于汽车底部,具有很强的平台性,通过对电池包内模组数量的增减,以及模组内电芯数量

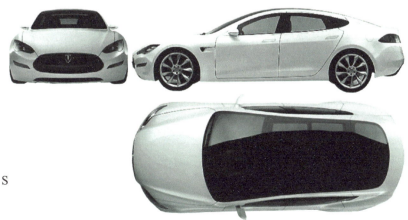

图4.9
特斯拉Model S
三视图

的控制，来匹配不同电量的车型。Model S的动力电池包有14个模组和16个模组两种类型，电芯数量从5376个到8256个不等，电芯采用了市场非主流的18650型（直径18mm，长度65mm）的圆柱三元锂离子电池，由日本松下制造。

② **电驱动**　电驱动采用了三相异步电动机，与逆变器和单机减速器（固定齿比为9.73∶1）集成在一体，全驱动双电动机版本最大功率可以达到515kW，峰值转矩为930N·m，电动机最高转速可以达到18000r/min；逆变器控制输入三相交流电的频率和电压，进而来控制电动机输出的转速和转矩，同时实现动力电池直流电转换为驱动电动机所需要的交流电的功能。

③ **电控**　动力电池由上千节电芯组成，因此需要非常强大的电池管理系统来保证动力电池安全运行；同时采用前后两个电动机进行驱动，需要有强大的整车控制器和电动机控制器保证系统高效的动力分配。

4.6.2　打造王朝系列——比亚迪秦

扫码看
比亚迪插电
混合动力汽车
三电介绍

（1）不断进步的自主车企

比亚迪，相信读者并不陌生，它创立于1995年，最开始是电子产品电池的生产商，从2003年收购秦川汽车后正式进入了汽车领域，开始了自主品牌汽车的发展历程。比亚迪是国内最早开始研究电动汽车的车企，经过20多年的坎坷历程，如今已经发展成为了全球电动汽车销量的领军者。据统计，2018年比亚迪电动汽车销量约为22.7万辆，仅次于特斯拉的24.5万辆，排名全球第二。

比亚迪的崛起得益于抓住了国家大力发展电动汽车的风口，更重要的是自身的技术积累和创新。在电动汽车"三电"领域，比亚迪拥有自己的核心技术，是为数不多的掌握着关键核心技术的自主车企。

（2）王朝系列开山之作——秦插电式混合动力汽车

2010年比亚迪首款电动汽车F3DM上市，该车最大的特点就是采用了发

图4.10 比亚迪秦插电式混合动力汽车

动机和电动机相结合的动力驱动模式,这种技术在当时的自主品牌当中还是非常超前的,但F3DM只能算是技术验证车。2013年比亚迪正式推出了王朝系列车型——秦插电式混合动力汽车(图4.10),该车是F3DM的升级,也是一辆准备就绪的、可以推向市场的产品,"秦"是比亚迪十分具有代表意义的一辆电动汽车。

比亚迪秦定位于家用紧凑型轿车,采用插电式混合动力并联形式,一台1.5t的发动机和驱动电动机通过其自主开发的6速双离合变速器连接,可以实现纯电驱动和混合动力驱动两种模式(图4.11)。

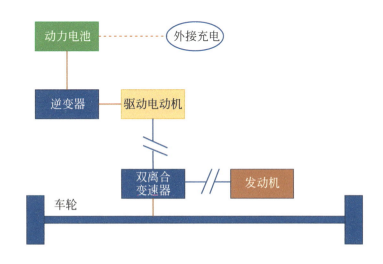

图4.11 比亚迪秦动力系统结构

秦的"三电"系统：

① **动力电池**　动力电池的总能量为13kW·h，由150节方形的磷酸铁锂电芯串联而成。

② **电驱动**　电驱动采用永磁同步电动机，驱动电动机最大功率为110kW，峰值转矩为250N·m，最高转速可以达到12000r/min。

③ **电控**　电动机控制器集成了DC/DC变换器，相比第一代F3DM系统，重量降低，空间减少，效率和防护等级都有大幅提升；对于电池管理系统BMS，采用了分布式系统，信息采集器集成在每个电芯上进行温度和电压采集，而电池管理模块对电池进行能量、充放电、热平衡以及高压安全管理，进一步提升了电池的能量管理效率，同时实现了轻量化。

比亚迪秦作为比亚迪王朝系列的开山之作，已经吸引了足够的眼球，随着技术的进步，这款车也经过了几番换代和升级。秦插电式混合动力汽车对于比亚迪来说，开创了其全新的电动时代。

4.6.3　电动汽车的常青树——日产聆风

（1）电动汽车技术的先行者

日产汽车成立于1933年，当时主要生产小型货车。1947年，日产收购了东京电力汽车有限公司，开始涉足电动汽车领域。同年发布了搭载3.3kW电动机，40V铅酸电池，最高速度为35km/h的纯电动双排座汽车——TAMA，其续航里程达到了65km。

扫码看
日产聆风的
生产过程

TAMA引入了很多独特的设计，如在当时就提出了"换电"的设计，可以直接更换位于车厢地板两侧的电池包，从而解决需要长时间充电的困扰。TAMA在日本汽车制造的发展史中占据了很重要的位置。当时日本的大街小巷，经常能看到这款车的身影，直到1954年这款车还被广泛应用到出租车领域中。

TAMA在市场上获得不错的反响后，日产汽车开始对纯电动汽车安全性和耐用性方面进行研究，并且展开了一系列极为严苛的碰撞测试，并开创了纯电动汽车碰撞测试的先河。在电动机技术方面，日产汽车在1983年推出了世界上第一辆采用交流异步电动机的电动乘用车，为具备变频调速能力的电动汽车的普及打下了坚实的基础。

20世纪日产汽车在电动汽车技术领域一直处于领导地位，得益于这些坚实的基础，日产汽车在当今电动汽车的激烈竞争中依然处于领先地位。

（2）电动汽车的常青树——聆风

全球累计销量超40万辆，连续8年位居全球电动汽车销量冠军，销售范围超过全球49个国家和地区，这是日产聆风的最佳时期。

聆风（Leaf），是日产汽车在2010年12月发布的纯电动轿车（图4.12），曾被誉为全球最畅销电动车型，特别是聆风在推出九年来全球的零安全事故记录，被多家车企和众多研究机构列为经典案例，在媒体和客户眼中聆风的口碑甚好，是全球电动汽车的常青树。

图4.12　日产聆风汽车

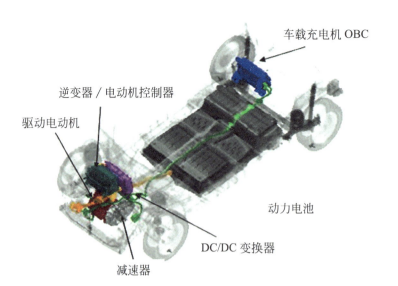

图4.13 日产聆风动力系统结构

如图4.13所示，日产聆风的驱动电动机、减速器、逆变器和电动机控制器、DC/DC变换器放在了前舱，车载充电机放在了后备厢里，而动力电池包布置在汽车底盘位置。

聆风的"三电"系统：

① **动力电池** 动力电池的总能量为24kW·h，由48个模组，每个模组8个电芯，总计192个软包的三元锂离子电芯串联而成，由远景AESC公司提供。需要指出的是，聆风的动力电池采用了风冷方式进行热管理，其在电芯、模组、电池包、整车各个层级的设计中，都针对可能发生的安全风险做了系统化的设计和防范，为聆风零安全事故奠定了坚实的基础。

② **电驱动** 电驱动采用了永磁同步电动机，峰值转矩为280N·m，最大功率为80kW，电动机峰值转速为10390r/min，配备了传动比为7.9的单级减速器，并且与差速器集成在一起。

③ **电控** 日产聆风的电池管理系统BMS是整个行业的先行者，特别是在电池保护上，能够对电芯模组进行故障诊断，并预测可能出现的问题，从而通过断电来阻止问题发生，并可以实现实时报警，而聆风的充电安全管理也设置在BMS里，可以在充分理解及大量测试结果的支持下，管控整个充电过程，保障充电的安全。

第5章

电动汽车的未来

5.1 燃油车禁售，电动汽车会取代传统燃油汽车吗？

从2016年开始，全球陆续有国家、地区和城市提出了禁售燃油汽车的声明，声明主要以官员口头表态、议案、国家计划文件、政府规划等形式表达（表5.1）。

表5.1 全球提出禁售燃油汽车声明的区域

国家/地区/城市	提出时间	提出方式	禁售时间	禁售范围
荷兰	2016	议案	2030	汽油/柴油乘用车
挪威	2016	国家计划	2025	汽油/柴油车
巴黎、马德里、雅典、墨西哥城	2016	市长行动协议	2025	柴油车
德国	2016	议案	2030	燃油车
法国	2017	官员口头表态	2040	汽油/柴油车
英国苏格兰	2017	政府文件	2032	汽油/柴油车
印度	2017	官员口头表态	2030	汽油/柴油车
中国台湾	2017	政府行动方案	2040	汽油/柴油车
爱尔兰	2018	官员口头表态	2030	汽油/柴油车
英国	2018	官员口头表态	2040	汽油/柴油车
美国加州	2018	政府法令	2029	燃油公交车
以色列	2018	官员口头表态	2030	汽油/柴油车
意大利罗马	2018	官员口头表态	2024	柴油车
中国海南	2019	政府规划	2030	汽油/柴油车

从表5.1可以看到，国际上提出禁售燃油汽车的时间范围在2025～2040年，经济实力和环保意识比较强，汽车市场饱和度较高，清洁电力占比高的国家和地区对于禁售燃油汽车都比较积极。

我国还没有正式提出禁售燃油汽车的声明，但工信部在2019年7月发布的针对全国人大《关于研究制定禁售燃油车时间表加快建设汽车强国的建议》的答复中指出，工信部正在会同相关部门，对禁售传统燃油汽车进行研究，支持有条件的地方和领域开展城市公交出租先行替代、设立燃油汽车禁行区等试点，在取得成功的基础上，统筹研究制定燃油汽车退出时间表。

实际上，我国地域辽阔，各个地区发展并不均衡，不能够简单地对禁售燃油汽车"一刀切"，应该针对不同地区的情况分类施策。且目前传统燃油汽车通过采用先进发动机和变速器、轻量化等技术，在节能减排方面还是大有可为。另外公众目前对于电动汽车的接受程度还不高。

进一步来说，即使针对新能源汽车的动力形式，有纯电动汽车、混合动力汽车和氢燃料电池汽车等，对于究竟谁才是主导这样的技术路线之争，不应该陷入非此即彼的误区，它们各有优势，需要结合不同的地区特点、不同应用场景以及基础设施建设情况，实现不同模式并存。

那么，我国会禁售燃油汽车吗？从政策方向上看，大概率会禁售，这和我国大气污染防治、提高能源安全、实现节能减排、汽车产业升级弯道超车的目标是一致的。但不会一蹴而就全国禁售，而是根据不同的地区分布、分城实施。

最后，禁售燃油车的声明主要目的更多是指引作用，意图给社会一个明确的指示：燃油车逐步退出是一个不可逆转的全球性趋势，企业需要提前进行部署，消费者也需要转变消费意识。

5.2 燃料电池汽车

我国定义的新能源汽车主要包含电动汽车和燃料电池汽车两种类型，相比电动汽车，燃料电池汽车被认为是新能源汽车的终极解决方案。

5.2.1 燃料电池的基本原理和构造

(1) 基本原理

燃料电池是一种把燃料所具有的化学能直接转换成电能的装置,能量转换是通过燃料和氧化剂之间的氧化还原反应来完成的。

燃料和氧化剂由外部供给,氧化还原反应在正负极之间完成,只要燃料不断输入,燃料电池就能连续发电。以氢燃料电池为例(图5.1)。

a. 正极的氧化剂(氧气)从外部负载得到电子,发生还原反应,并与负极的氢离子结合生成水:

$$O_2 + 4H^+ + 4e^- \longrightarrow 2H_2O$$

b. 负极的燃料(氢气)失去电子发生氧化反应,电子流入外部负载,生成的氢离子移动到正极:

$$2H_2 - 4e^- \longrightarrow 4H^+$$

c. 总反应式:

$$2H_2 + O_2 \longrightarrow 2H_2O$$

电子从负极经外部负载流入正极,构成回路,氢氧燃料电池的工作原理其实就是电解水的逆过程。

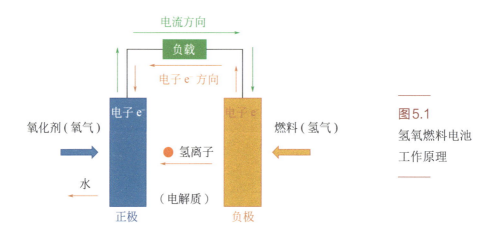

图5.1 氢氧燃料电池工作原理

（2）燃料电池的分类

燃料电池的分类方法很多，按照电解质的类型可分为碱性燃料电池、磷酸燃料电池、熔融碳酸盐燃料电池、固体氧化物燃料电池以及质子交换膜燃料电池，表5.2比较了不同类型燃料电池的主要性能。

表5.2 燃料电池的类型和比较

类型	碱性燃料电池	磷酸燃料电池	熔融碳酸盐燃料电池	固体氧化物燃料电池	质子交换膜燃料电池
燃料	氢气	天然气、甲醇、液化石油气	天然气、液化石油气	氢气、一氧化碳、碳氢化合物	氢气
氧化物	氧气	空气	空气	空气	空气
电解质	液体氢氧化钾（有腐蚀）	液体磷酸水溶液（有腐蚀）	液体碳酸锂、碳酸钾（有腐蚀）	氧化锆系（无腐蚀）	固体稳定氧化锆系（无腐蚀）
功率密度/（W/kg）	35～105	100～220	30～40	15～20	300～1000
反应温度/℃	50～200	180～220	600～700	750～1000	25～105

在众多燃料电池中，质子交换膜燃料具有电池反应温度低、功率密度高、无腐蚀等优点，是目前燃料电池汽车首选的类型。

（3）燃料电池的基本构造

质子交换膜燃料电池，英文全称为Proton Exchange Membrane Fuel Cell（英文简称为PEMFC），其燃料为氢气，正极为氧化剂发生还原的场所，负极为氢燃料发生氧化的场所，两极都含有加速电极化学反应的催化剂，质子交换膜作为电解质，其工作原理见图5.1。

如图5.2所示，质子交换膜燃料电池主要由两块双极板、两块附有催化层的兼作气体扩散层的电极和一块质子交换膜组成。

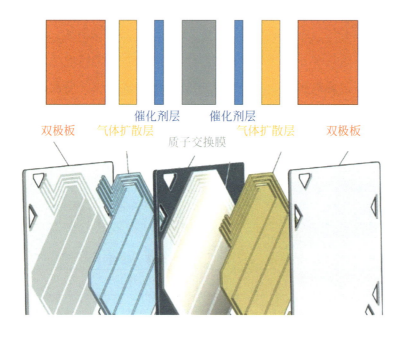

图5.2 质子交换膜燃料电池的基本构造

① **双极板** 也称集流板,由石墨或金属板制成,刻有导气槽,能通过流道将氢气和氧气导入电池,收集并传导电流,起到支撑系统、散热和排水的作用。

② **质子交换膜** 主要是交换氢质子(氢离子),起到隔离燃料和氧化剂的作用。

③ **气体扩散层** 一般以碳布或者碳纸作为基底,主要作为氢气和氧气的通道。

④ **催化剂层** 一般以碳载铂金(Pt/C)为催化剂,它是发生电化学反应的场所,也是电极的核心部分。

多个燃料电池单体通过双极板串联起来,最终组装成电池堆。燃料电池堆反应产生的电能,供给驱动电动机,最终为汽车提供动能。氢燃料电池的燃料是氢气和氧气,生成物是水,而本身工作时也不产生其他有害物质。

5.2.2 氢燃料电池和锂电池,谁才是新能源汽车的未来

新能源汽车的关键是电池,电池的类型决定了新能源汽车的类别。在电

动汽车中，锂离子电池是现阶段最为成熟，性能最为稳定，也是应用最为广泛的动力电池。

而随着氢燃料电池的不断发展，燃料电池汽车也受到强烈关注，氢燃料电池和锂离子电池，哪种技术路线更优越？在未来的竞争格局中，谁将会最终胜出？

（1）锂离子电池储能，燃料电池发电

锂离子电池是一种二次电池，主要依靠锂离子在正极和负极之间移动，与外界进行充放电，从而实现化学能与电能之间的相互转换。燃料电池通过燃料和氧化剂在正负极之间的氧化还原反应，将燃料的化学能转换为电能。

锂离子电池对内输入和对外输出电能，实际上是先将从外界输入的电能储存起来，需要用时再输出，本质上讲锂离子电池是储能装置。

而氢燃料电池相当于传统燃油汽车的发动机，只要燃料不断地输入就能连续地对外发电，本质上讲氢燃料电池是发电装置。燃料电池汽车除了搭载燃料电池外，一般也会同时搭载锂离子电池进行能量储存。

（2）锂离子电池与燃料电池的对比

无论锂离子电池还是燃料电池，都受到政策的大力支持，除此之外，从以下几个方面对两者进行对比：

① **能量密度** 能量密度指的是电池单位质量所能释放出的电能。目前在锂离子电池中能量密度最高的三元锂电池，其电芯的能量密度约为1.08MJ/kg，如果要继续提升，则需依靠全固态电池技术；而氢的能量密度实质上取决于储氢量，氢气本身的能量密度为143MJ/kg，远远高于锂离子电池。

② **安全性** 锂离子电池的安全性与能量密度成反比，提升锂离子电池能量密度的同时，其安全性也大大降低；由于氢的重量轻、原子半径小、稳定性较差，因此目前保证氢安全运输和储存也是一大挑战。

③ **资源约束** 锂离子电池的资源主要来自镍、钴、锰、锂等矿产，我国锂资源比较丰富，但钴资源很匮乏；氢燃料电池在资源方面的约束主要是催化剂所需要的贵金属铂金，目前存量很少而且价格高昂。

④ **能量来源** 锂离子电池的电能主要通过烧煤、核电站发电等产生，因此获取电能需要消耗其他能源。目前可以通过煤、石油、天然气等化石原料制氢，也可以通过电解水将氢和氧分离而提取氢，而电解水所需要的电能来源和锂离子电池一样，也需要消耗其他能源。

⑤ **成本** 电池的成本包括消耗成本、电池本身的成本和基础设施成本。针对消耗成本，假设电动汽车百千米耗电量约为17kW·h，电价按照0.5元/kW·h（家庭用电）～2.2元/kW·h（商业用电）来计算，其消耗成本为8.5～37.4元/100km；而假设氢燃料电池汽车加氢站氢气的销售价格在30～120元/kg之间，按照一kg氢气续航100km计算，其成本为30～120元/100km。

针对电池本身的成本，锂离子电池成本在1000元/kW·h左右，搭载45kW·h的电动汽车的电池成本约为4.5万元；而氢燃料电池成本大概在1000元/kW，搭载100kW电池组的氢燃料电池汽车的电池成本约为10万元。

针对基础设施成本，目前锂离子电池充电站及配电设施投资在430万元左，而供氢气能力为500kg/天的加氢站投资在1200～1800万元。

总体而言，目前锂离子电池的应用已经比较广泛，产业链非常成熟，已经完全实现了商业化，而燃料电池存在成本较高、基础设施不完善等因素，处于商业化的初期。

行业内已形成初步共识，相对于远程公交、城际物流、长途运输等交通方式，燃料电池汽车具有清洁零排放、续航里程长、加注时间短等特点，是卡车和公路客车等长途运载工具的最佳选择，在中国的北方寒冷地区SUV领域，燃料电池相比锂离子电池也更具有竞争力。

因此，新能源汽车的未来将是以搭载锂离子电池的电动汽车和搭载氢燃料电池的燃料电池汽车共存的局面。

5.2.3 "未来"已来，丰田Mirai燃料电池汽车介绍

丰田的氢燃料电池汽车Mirai（图5.3），是世界上第一

扫码看
丰田Mirai燃料电池汽车生产过程

款已经量产的燃料电池汽车,暂未有中文名,有人喜欢音译成"米娃",但它的日文名发音"みらい",意为"未来"。

(1) Mirai的前世今生

丰田汽车早在1992年就开始研发燃料电池汽车,当时主要是基于传统燃油汽车进行改造,而没有专门开发新的车型,从1996年到2008年,一共开发了七代车型。

经过了20多年的技术累积,在2013年的东京车展上,丰田正式推出了燃料电池汽车(Fuel Cell Vehicle,FCV)概念车。到第二年的12月,FCV概念车完成了技术验证,并正式得名"Mirai"。

2015年1月底,全球首辆量产氢燃料电池车丰田Mirai在日本交货,之后开始在美国和欧洲销售。

由于众多新技术和创新设计的应用,使得Mirai成为全球燃料电池汽车的标杆。

(2) Mirai的主要部件

Mirai氢燃料电池汽车主要由升压转换器、燃料电池堆、驱动电池、动力控制单元、驱动电动机和高压储氢罐组成(图5.4)。

① **升压转换器** 升压转换器即DC/DC升压器,主要作用是升高燃料电池堆的输出电压(至650V),从而提高驱动电动机的效率,减少系统损耗。

② **燃料电池堆** 燃料电池堆由370个重量为102g、厚度为1.34mm的电芯堆叠而成,整个电池堆的总重量为56kg,总容积为37L,输出功率为114kW。

③ **驱动电池** 驱动电池采用的是丰田混合动力汽车常用的镍氢电池而非

图5.3
丰田氢燃料电池汽车Mirai

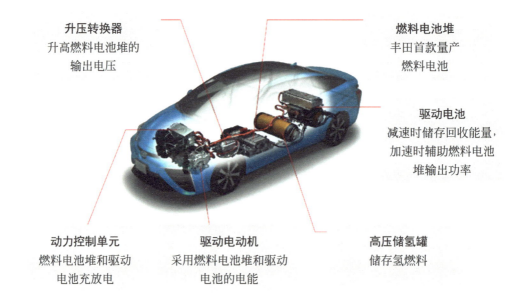

图5.4　Mirai的主要部件

市场主流的锂离子电池，主要作用是在汽车减速时能够储存回收的电能，在汽车加速时能辅助燃料电池堆输出功率。

④ **高压储氢罐**　高压储氢罐包含两个容积为60L和62.4L的储氢气罐，能够承受高达700bar（700Mpa）的压力，可加载5kg的氢气，从而实现超过500km的续航里程。

⑤ **驱动电动机**　驱动电动机的最大功率为113kW，最大转矩为335N·m。

⑥ **动力控制单元**　动力控制单元类似于整车控制器VCU，主要用来控制燃料电池堆的输出功率以及驱动电池的充放电。

（3）Mirai的工作原理

Mirai的工作原理主要分为六个步骤，如图5.5所示。

第一步：氧气通过汽车前方的空气压缩机进入汽车的内部，同时从外界加注氢气储存在高压储氢罐中。

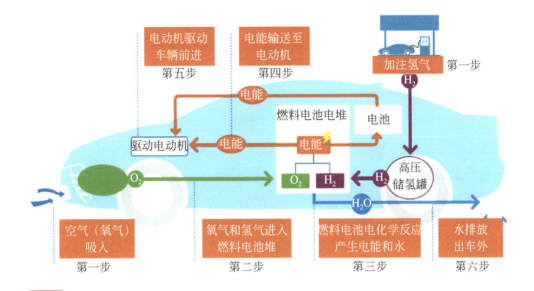

图5.5 Mirai的工作原理

第二步：压缩的氧气和氢气输送到燃料电池堆。

第三步：氢气和氧气在燃料电池堆中发生化学反应，产生电能和水。

第四步：电能输送至电池或者直接输送给驱动电动机。

第五步：驱动电动机接收电能从而驱动车辆行驶。

第六步：燃料电池堆反应产生的水排放出车外。

据统计，目前丰田汽车在燃料电池领域的专利已经超过八千项，涵盖了燃料电池电堆、高压储氢罐、燃料电池系统控制、加氢站等，燃料电池汽车的开发也进一步帮助丰田树立了"全球汽车技术领导者"的形象。

5.3 充电设施发展，化解"充电难"和"利用率低"的尴尬

电动汽车的发展离不开充电基础设施的发展，由于充电标准不统一、基

础设施建设难度大、充电模式商业不成熟等方面的问题,充电基础设施与电动汽车的发展并不协调。

(1)现状和主要挑战

无论国内还是国外,目前充电基础设施还处于初期发展阶段,全球各地区充电设施标准并不统一,主要体现充电口的输出功率范围不同,充电的插座和连接器不同,以及车辆与充电桩之间的通信协议也不同。

表5.3为全球各个区域采用的充电标准,目前存在中国GB/T体系、美国汽车工程协会SAE体系、国际电工委员会IEC体系以及特斯拉自有充电体系四种标准。

表5.3 全球各地区主要充电标准一览

标准	普通插头（家庭）	慢充桩		快充桩		
电流	交流AC	交流AC		交流AC	直流DC	
功率	<3.7kW	3.7kW~22kW	<22kW	22kW~43.5kW	<200kW（目前）	
中国	Type I	GB/T 20234 AC	/		GB/T 20234 DC	/
日本	Type B	SAE J1772 Type 1	特斯拉标准	/	IEC 62196-3	特斯拉标准和CHAdeMO（IEC 62196-3 Type 4）
欧洲	Type C/F/G	IEC 62196-2 Type 2			CCS Combo 2（IEC 62196-3）	
北美	Type B	SAE J1772 Type 1	特斯拉标准	SAE J3068	CCS Combo 3（IEC 62196-3 & SAE J1772）	

全球充电标准不统一的背后,其实是各国电动汽车的竞争,谁掌握了标准,谁就有话语权。

除了充电标准不统一外,由于充电基础设施建设涉及城市规划、建设用地、配电网改造、居住地安装条件、投资运营模式等方面,利益主体很多,推进难度大。

特别在中国，一方面因充电桩不足引起的"充电难"问题，另一方面也存在充电桩"利用率低下"的尴尬。传统燃油车占据充电位置已经成为普遍现象，部分充电桩需要交停车费，导致用户充电成本上升。利用率低进一步导致充电运营商普遍亏损，"有车无桩"和"有桩无车"的现象并存。

（2）发展情况和目标

根据国际能源署IEA的统计，全球所有类型的充电桩数量都呈持续上涨的趋势（图5.6）。

全球不同地区对于充电桩的使用环境不一致，根据国际能源署IEA的调查，北欧地区如挪威和瑞典，超过90%的私家车车主选择每天在家为电动汽车充电，20%～40%的车主会在工作场所为电动汽车充电；在美国，每辆电动乘用车对应住所0.9个充电桩，对应工作场所0.325个充电桩；在中国，根据发改委等部门在2015年发布的《电动汽车充电基础设施发展指南（2015—2020年）》，到2020年，充电基础设施需要满足500万辆电动汽车的需求。

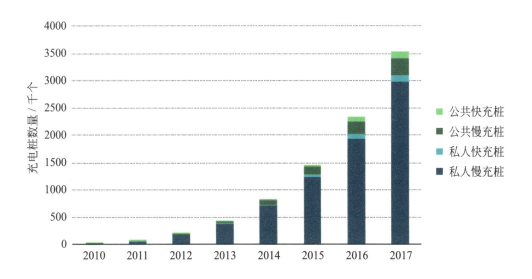

图5.6 2010—2017年全球充电桩增长情况

新增的充电基础设施主要包括集中式充换电站和分散式充电桩两种类型（表5.4），涵盖了居民小区、单位内部停车场、专用停车场所（公交/出租车/环卫物流等）、公共停车场、高速公路服务区等所有用车场所。

表5.4 2015～2020年新增各类充电设施总体目标

充电设施类别		目标数量
集中式充换电站	公交专用	3850座
	出租专用	2500座
	环卫物流专用	2450座
	城市公共	2400座
	城际快充	800座
分散式充电桩	专用	430万个
	公共	50万个

同时，我国针对不同区域，划分出了加快发展地区、示范推广地区和积极促进地区，不同区域对应了不同的目标。

加快发展地区主要包括了京津冀、长三角、珠三角以及海南省等经济较发达地区，目标是2020年建设成7400座充电站，250万个充电桩；示范推广地区主要包括我国东北、华中以及中西部等地区（如黑龙江、吉林、内蒙古、河南、四川等地），目标是2020年建成4300座充电站和220万个充电桩；而积极促进地区主要指新疆、西藏、青海、宁夏、广西五个地区，目标是2020年建成400座充电站和10万个充电桩。

充电设施的发展主要取决于各地区的环境以及相关的政策支持，清晰的建设目标、法规以及用于直接投资的资金筹集和财政补贴，能够为其发展创造出良好的建设条件和充足的资金保证。

当然，除了政府层面目标和发展计划之外，很多车企和相关协会通过各种联盟，主动参与推动充电桩的发展，越来越多样化的玩家正在进入充电基础设施市场。

参考文献

[1] 中华人民共和国国务院办公厅. 国务院关于印发《中国制造2025》的通知[EB/OL]，2015.

[2] 国际能源署，全球电动汽车展望2018[R]，2018.

[3] 盖世汽车研究院，慕尼黑电子展. 2018中国汽车电子行业白皮书[R]，2018.

[4] IEA. Global EV outlook 2019[R]，2019.

[5] 中国汽车工业协会，等. 电动汽车安全指南2019版. 2019.

[6] 安信证券. 角力与共生：全球动力电池竞争格局分析[R]. 2018.

[7] 欧阳明高，等. 节能与新能源汽车技术路线图. 2016.

[8] 安锋，康利平，秦兰芝，等. 中国传统燃油汽车退出时间表研究[R]. 能源与交通创新中心，2019.

[9] 国办发〔2015〕73号. 国务院办公厅关于加快电动汽车充电基础设施建设的指导意见，2015.

[10] 国家发展改革委员会，国家能源局，工业和信息化部，等. 电动汽车充电基础设施发展指南（2015—2020年），2015.

[11] 国家发展改革委员会，国家能源局. 能源生产和消费革命战略（2016—2030），2016.